Añoranzas de Tierra Caliente

Recuerdos del México de los Años 1930's

A la memoria de un hombre llamado

José Juan Cantú de la Garza

Mi inolvidable padre

Published by Mystic Buddha Publishing House, LLC
www.MysticBuddha.com

Second Edition, 2020
Printed in the United States of America

Copyright © 2011-2020 Mystic-Buddha Publishing House, LLC
All rights reserved. No part of this book may be reproduced in any form or by any means, electronic or mechanical, including photocopying, recording, or by any information storage and retrieval system, without permission in writing from the publisher.

ISBN-13 978-0-9972431-5-4

Contenido

Prólogo del autor 7
La plaza de los 100 tamarindos 9
Rogaciano el cinturonero 14
Los camiones de volteo 17
Las cacerías 20
El folklore de Iguala 28
El boticario japonés 33
Domingos cinegéticos 37
¿Pos cual educacion basica? 40
El nagual 43
Un niño solitario 49
El "vitrinas" 52
Deleites epicúreos 56
El que a hierro mata, a hierro debe morir 61
La buhonería 66
El maestro Ponce 69
Tata Lázaro 72
Mi bicicleta 76
Un condumio dilecto 82
¡Vamos a las güilotas! 85
Mi primer vuelo 90
Un pozo sin fondo 96
La refresquería de chelito 98
La virgen de Iguala 100
Un salto semi mortal 104
Otros naguales 111
El cine y los tacos de requesón 115
Amelia Wilhemy 118
Las elecciones 121
¿Pozole? Sí, pero estilo Guerrero 125
Mis cuatachos 129
Aprendiendo a nadar 134
Los soldaditos de plomo 139
Los viajes a Iguala 142
El pescáo mojáo 147
El almuerzo de mi 'apá 152
Un piquete de alacrán 156
Conclusión 159

Prólogo del autor

Ser escritor no es tan dificultoso.
Requiérense sólo ciertas cualidades:
talento, perspicacia y honestidad,
para alcanzar meritoria calidad.
Quien carece de tales habilidades,
no es un escritor, es un tramposo.

Ciertos textos resultan difíciles de escribir debido a que se redactan obligatoriamente por compromiso, o por necesidad, cuando se es literato de oficio y de las letras se obtiene el condumio familiar.

Componer este libro, en cambio, me resultó fácil y lo consigné tal cual a propósito, buscando darle el sabor provinciano de su época particular, y la candidez infantil del protagonista –vista en ocasiones a través de un juicio adulto– aún a sabiendas de que habrá quién, manifestándose redactor modernista, juzgue y condene mi estilo como anticuado, y a mí como egocéntrico porque en algunas de las narraciones parezco ser el personaje exaltado. No refutaré tales críticas. El estilo evocador de esta compilación de relatos y cuentos se gestó espontáneamente como la forma narrativa apropiada, y si en algunas crónicas aparento ser el protagonista es porque forman parte de añoranzas similares propias. Recrear éstas me provocó tal placer que mantuvo en mis labios una sonrisa asidua durante el tiempo que trabajé en ellas. Sólo deseo que, en quien las lea con anhelo de revivir en su memoria el México de aquellos tiempos, estimule el mismo efecto. Que engendre y promueva en los espíritus el antojo de recrear ese México que gocé viviéndolo en mis años de niñez y juventud...

Este libro puede leerse como sea: de principio a fin, o bien saltando de un texto a otro. Si algún tema atrae de manera especial, como Aventuras o Relaciones Familiares, léase primero, y regrese a estas páginas con la frecuencia con que se visita a un fiel amigo, ya que en ellas se encontrará lo mismo que brinda una buena amistad: solaz y esparcimiento.

Y, como dice mi compadre Menecio, deseándote lo más mejor, hermano lector, espero que estos relatos te complazcan tanto como a mí me satisfizo escribirlos para tí, que conociste este México y lo añoras, pero principalmente para que lo conozcas y lo entrañes tú, que no tuviste el privilegio de gozarlo.

Carlos H. Cantú.

La plaza de los 100 tamarindos

Y por todas partes esa fragancia estimulante,
ese olor a yerba, a fertilidad, a vitalidad de tierra
que echa siempre hacia adelante
la cabal virtud que en su seno encierra.

Si en verdad eran 100 los árboles de tamarindo que circundaban la Plaza de Armas de Iguala, Guerrero, no lo sé, nunca los conté; pero de que eran muchos, eran muchos, eso sí es cierto. Y en fin, cuántos eran no importa, lo substancial era lo sabroso de sus frutos pero, siendo tantos los árboles plantados por todo el pueblo a nadie se le antojaba, excepto a uno que otro fuereño, recoger sus vainas para sentarse a saborearlas bajo la umbría proyectada por aquella floresta.

Como evocador de estas añoranzas, las inicio con una descripción de la Plaza de Armas de Iguala porque, al abrir el maletón de mis reminiscencias, lo primero que salta a mi mente es una visión del lugar donde comencé a vivir mis peripecias, ya que en ese pueblo caluroso y fiero pasé varios años de mi infancia...

Ahora bien, si influido por el candor infantil describiera esa Plaza apodada de Los Cien Tamarindos como hermosa, estaría mintiéndome a mí mismo. A pesar de la distancia en años, al visualizarla excluyo los adornos de evocaciones seductoras. Quizá algunas de estas añoranzas suenen fantasiosas, pero ensueños no lo son. Por lo tanto, caminemos por aquella Plaza tal como me llega a la memoria en uno de aquellos jueves por la noche, o en una mañana dominguera. Tomemos de cualquier esquina su amplia acera de concreto que circunda un jardín al que convergen andadores de tierra colorada, y en medio del cual se yergue tristón un quiosco donde toca –algo desafinada– la charanga municipal compuesta por un director y ocho músicos, la mitad de los cuales visten prendas que alguna vez fueran vistosos uniformes.

Ese pabellón sirve, si no para otra cosa, para que los chiquillos se oculten bajo su piso elevado con sus contertulias predilectas, jugando a las escondidas con intención de robarles un inicial beso cachetero, o con sus cuatachos para perpetrar otras acciones irreverentes tales como la de fumarse un primer cigarrillo.

El gesto ceñudo que surca la frente de aquel busto del Benemérito de las Américas, sostenido por una pilastra en ese resquicio del jardín, quizá se deba a la gran cantidad de zurradas que pichones, cuervos, cornejas, grajos, zanates, gorriones y chileros, han depositado sobre su ilustre cabeza, casi sepultándolo en el fértil humus con todo y su obelisco truncado. Las bancas de concreto alineadas en aceras y pasillos lucen en el respaldo el rótulo que acredita a los comerciantes igualtequences su obsequio al municipio. En los extremos norte y suroeste, dos edificaciones de hormigón –modernísimas cuando se estrenaron allá por 1930– albergan sendas refresquerías. La del sur es "la del Griego", conocida así de toda la vida por el origen helénico de su propietario.

Frente a ese establecimiento un puesto de revistas y periódicos ofrece desde las diez de la mañana todos los diarios de la capital del país, ya que a esa hora llegan en el primer autobús de la Flecha Roja (Camioncito Flecha Roja, no te lleves a mi amada, suplica desde una rockola cercana el popular corrido.). Sobre una tijera metálica, Hermenegildo, el encargado de las publicaciones, exhibe también las revistas ilustradas o de monitos "El Paquín," "El Pepin" y "El Chamaco," que leo con voracidad. ¡Ah!, pero ni colijan que gasto dinero comprándolas. Soy hijo de tigre regiomontano, por lo tanto, tigre pintito (pero de pintas chiquitas, más baratas). Se las alquilo a Herme pagándole cinco centavos por cada dos revistas que leo, sentado en la banca aledaña.

En la contra esquina noroeste de la Plaza abre sus puertas un restaurante; contigua está la terminal de los autobuses México-Acapulco de Primera Clase Estrella de Oro. Enseguida quedan un hotel y una serie de casas particulares sin interés excepto porque –según el decir de mi padre– en alguna de ellas naciera, o viviera un tiempo, Don Vicente Guerrero, o Don Nicolás Bravo, o algún otro general insurgente.

La campana está llamando a rosario... Suena bonito, ¿verdad? Su repique vuela sobre los tejados desde el campanario de la iglesia mayor, situada al lado oriente de la Plaza. El atrio queda desligado del mercado adjunto por su verja. La hilera de comercios semi fijos, formados en ringlero, se inician con una tienda de madera asentada sobre la banqueta que es un verdadero deleite para los chiquillos de este pueblo –extrañamente germanófilo– que admiran en su aparador los bizarros soldados de lámina engalanados con uniformes del Tercer Reich, importados directamente de Alemania.

La cuadra al costado sur de la plaza, preferido de la burguesía local, empieza con una tienda general enorme; sólo que interprétese el superlativo "enorme" en el contexto de un poblado de 30 calles de largo por 30 calles de ancho, que tal vez cuente con unos 12,000 habitantes. Ese almacén vende desde semilla para sembrar, hasta el último alarido de la moda femenina.

Enseguida abre su puerta El Billar. El, así, con mayúscula, porque ahí me enseñó a jugar carambola mi maestro, compañero de partida, eterno contrincante, campeón a vencer... mi padre. Aunque no es usual que los niños concurran a un lugar de estos, yo lo frecuento acompañado por mi padre. Entrando al lado izquierdo se extiende una barra en la que Bonifacio despacha las bebidas. Enfrente hay un espacio ocupado por mesas y sillas de cantina para los jugadores de dominó, y enseguida está una primera mesa de carambola, la preferida de papá. A los 10 años yo juego ya bastante bien, aunque él no deja de regañarme porque golpeo las bolas fuerte y no "armo" la siguiente tirada.

Con una sola entrada al frente y un balcón de cuerpo entero, se mantiene el salón en una semi penumbra creadora de la ilusión de que adentro hace menos calor que afuera, quimera que se fortalece con la reciente adición de 4 abanicos de techo que soplan aire tibio sobre nuestras cabezas. Hacia el fondo, tres puertas abren a un corredor que termina en un baño cuyo mingitorio se adivina a distancia por el olor a ácido úrico, a pesar de no faltarle el agua corriente.

Pared de por medio con el billar está la zapatería Divicino, propiedad de un italiano que, al emigrar a México después de la Primera Gran Guerra, escapó el reclutamiento militar de la Segunda. Este rudo ex carabinieri es mucho mejor cocinero que zapatero, o padre de sus 9 hijos varones a quienes, por el vuelo de una mosca, propina tales palizas que un día, el segundo en edad, tomó una escopeta del armario donde el itálico exhibe sus armas, se colocó el cañón en la boca y jaló el gatillo para engullirse un taco de perdigones. Al enterarme de tan infausto suceso, agradecí a Dios el darme a quien tengo por padre.

Al lado poniente de la Plaza, un alero soportado por esbeltas columnas da sombra al frontispicio de la Presidencia Municipal la cual, debido al calor, mantiene las ventanas del alcalde abiertas de modo que se puede escuchar lo dicho en el despacho sin necesidad de irrumpir en él. El edificio aloja, además, la cárcel municipal.

La mejor ocasión para visitar la Plaza de los 100 Tamarindos es un domingo por la mañana o un jueves por la noche, cuando la muchachada da "vueltas a la plaza". Los varones, vestidos de pantalón y camisa blanca, la circulamos caminando por nuestro lado derecho y las hembras, con todo el colorido de Tierra Caliente, van en sentido contrario riendo, o tratando de ocultar el rubor causado por nuestras miradas descaradas, o por los piropos de los más atrevidos

Hay otra fecha de jolgorio puro: la Semana de Pascua, en que se celebra una especie de carnaval, ocasión para la cual todo el año guardamos los cascarones de huevo, ya sean de gallina o de pípila, procurando hacerles únicamente un pequeño agujero en un extremo para luego limpiarlos, secarlos y rellenarlos con confeti, o con agua mezclada con una fragancia barata. Entre gritos y carcajadas, las chamacas nos persiguen durante tres noches para rompernos en la cabeza los duros cascarones de guajolota rellenos de confeti, mientras nosotros les estrellamos los cascarones "de agua" en el pecho, logrando dos objetivos. Uno, mojarles el busto, y el otro... empaparles aún más el busto.

En esta Plaza de los 100 Tamarindos origen de mis añoranzas, aún revolotean suspiros de ingenuos enamoramientos cuyos siseos llevaron como fondo musical la armoniosa voz de Pedro Vargas evocando en todas las sinfonolas del pueblo...

*"Hace un año que yo tuve una ilusión,
hace un año que se cumple en este día..."*

Rogaciano el cinturonero

Hila, hilandero la vida;
hila, hilandero la muerte.
Di que te coge viniendo, de pura suerte,
que no la librabas si fueras de ida,
man'que corrieras fuerte.

Qué curioso, ¿no? Cómo podía un hombre de apariencia tan apacible y ocupación tan sosegada, ser el perpetrador de varias muertes. Y no digo que fuera el autor intelectual, sino el transgresor, el que con arma mortal cortara la existencia de otro ser humano.

La carretera México-Acapulco estaba concluida. Con gran pompa y platillo, el Presidente Constitucional de los Estados Unidos Mexicanos, General de División Manuel Avila Camacho, recientemente ungido mediante los consabidos chanchullos electoreros del partido/gobierno, la inauguró recorriéndola montado en un suntuoso automóvil Buick negro descapotable...

Y con la terminación de la obra carretera se concluía el trabajo y comenzaba uno de aquellos penosos períodos de búsqueda de quehacer remunerado que, por aquella época difícil, resultaba arduo encontrar. Pero se avecinaban tiempos mejores. La guerra en Europa escalaba y se barruntaba que el conflicto pronto involucraría a los Estados Unidos y, de ser así, México resultaría beneficiado por la derrama de billete que un conflicto bélico siempre trae aparejada, sobre todo para los países que se especializan en ese macabro comercio, y no menciono los nombres de tales naciones porque las tengo enfrente y al norte. Así que de pronto el trabajo abundó. Por todos los rumbos de la República se abrían caminos y, ahí mismo en Acapulco, se iniciaban obras portuarias de gran importancia: la construcción de un malecón, para empezar. Había que acarrear cientos de miles de toneladas de roca para rellenar la escollera en toda su extensión, desde el muelle de madera hasta la playa de Hornitos, para que los barcos de gran calado atracaran a la distancia de lo que había sido hasta entonces playa. ¡Y a trabajar se ha dicho!

    Mucho del personal que laboraba para la SCOP decidió, al igual que papá, quedarse trabajando en Acapulco. Entre ellos había un carpero de nombre Rogaciano que, desde luego, no era el popular huapanguero de la canción. Rogaciano tenía fama de ser un hombre íntegro y formal pero, sobre todo, honrado a carta cabal. Por esa razón no le fue difícil obtener empleo como velador en las propias obras del puerto, donde se encargó de la seguridad del almacén de la herramienta portátil que se ocupaba, desde palas y picos hasta excavadoras y martillos neumáticos. Pero cuidado, porque se rumoreaba, eso sí con mucha discreción, que Rogaciano debía varias muertes. Nadie sabía por qué, ni a qué adjudicarlo, cuantimás conociéndolo sólo de vista. En sus ratos de ocio, que eran muchos porque todo lo que hacía era cuidar la puerta del almacén, se dedicaba a tejer cinturones. Sí. A urdir cinchos a la vista de todo mundo. Los mallaba con un hilo blanco bastante recio que seguramente era de cáñamo. Para hacerlo, aseguraba varios clavos a una superficie de madera, la puerta del almacén, por ejemplo, y de los clavos ataba hilos de cáñamo que iba entrelazando con una artisticidad envidiable. Y no se piense que todos los cintos que tramaba eran iguales, no. Cada uno era una creación exclusiva porque Rogaciano tenía el don de no planearlos sino que los iba hilando, combinando y trenzando, como su imaginación se lo dictara en ese momento. Los vendía en cuanto los terminaba y, muchas veces, los hacía bajo pedido. Yo tuve uno que atesoré por años, especialmente el resto del tiempo vivido en Guerrero, cuando vestía de riguroso blanco los domingos y días feriados.

    Rogaciano casi nunca dejaba el almacén y cuando lo hacía por necesidad o compromiso, siempre llevaba colgando de la cintura un filoso machete nombrado buruna en el Sureste. Pero un día tuvo un compromiso. Una sobrina suya casó y fue invitado a la boda como padrino. No se hubiera visto bien que caminara el pasillo de la iglesia, del brazo de la novia, con tremendo machetote pendiente de la pretina. Así que no lo llevó.

Al finalizar el festejo nupcial, tal vez un poco mareado por tanto brindis a la salud de los novios, Rogaciano se descuidó y en vez de caminar por la Avenida Costera pletórica de tráfico, gente y animación, tomó por la playa solitaria pues por ahí cortaba camino para llegar al almacén que cuidaba. Iba canturreando sin meterse con nadie, cuando al paso le saltaron tres individuos armados con machetes y negras intenciones contra sus derechos humanos. El más alebrestado, gritando algo acerca de vengar a un pariente muerto, y viéndolo desarmado, se abalanzó con torpeza sobre Rogaciano pero él, ágilmente, esquivó la embestida, sacó de la bolsa de su camisa un lápiz comprado esa misma tarde en la papelería, y afilado cuidadosamente en el almacén, y de un golpe lo ensartó en el estómago de su atacante quien, sintiendo el piquete, se miró el abdomen encontrándose sólo un agujerito sangrante; sin embargo, en el lance soltó el machete que Rogaciano recogió de inmediato. Ver la buruna en manos del almacenista y correr, fue todo uno para los tres seudoatacantes. Tranquilo como antes, Rogaciano prosiguió su camino llevándose de ganancia un machete aún impecable.

Semanas después, sentado a las puertas del almacén, Rogaciano escuchaba en la radio una noticia local acerca del extraño caso de un individuo que muriera en el hospital de la Cruz Roja atacado por fuertes dolores de estómago, y a quien, al practicársele la necropsia, se le encontró encajado en el intestino grueso un lápiz cuya madera, obviamente, se había podrido causándole la muerte.

Desde entonces, nunca le faltó a Rogaciano un afilado lápiz en la bolsa de su camisa...

Los camiones de volteo

Con las tripas al espinazo adosadas,
las nalgas raspadas de tanto madrazo,
cerrando tu paso las nubes de polvo,
o pegando en el toldo un chubasco
que manda las ruedas girando en el fango...
¡Te juro, mi flaco, que 'sta vida es un tango!

Como cosa natural del trabajo caminero, los camiones de papá se mantenían llenos de tierra, sucios, enlodados, etc., así que me resulta difícil precisar si eran nuevos o viejos, o qué tal funcionaban. Me imagino que bien, porque nunca los veía parados, excepto cuando mi hermano Hermilo los engrasaba.

Hubo, sin embargo, uno que rememoro vivamente. Era el 41... Y no me refiero a él así por sus preferencias sexuales, que no creo las haya tenido, sino porque era modelo 1941. Recuerdo cuando papá lo compró nuevecito porque lo acompañé a recogerlo a la planta armadora Ford ubicada por la calzada de Guadalupe, en la Ciudad de México. No sabes la ilusión con que iba a recibirlo porque, excepto por mi bicicleta, nunca había estrenado otro vehículo. El auto que teníamos se compró ligeramente usado y los demás camiones de mi padre no sé de cuando databan pero, francamente, ya se veían muy peloteados. Íbamos por la avenida República Argentina, cruzando el jacarandoso barrio de Peralvillo, en un fotingo de pedales de aquellos que todavía hacían el servicio de ruleteros, y a mí ya se me quemaban las habas por conocer nuestro nuevo camión. ¡Qué barbaro! Las presumidotas que iba yo a echarle a mis cuates en Iguala al manejar aquella preciosidad que apenas tendría unos cuantos kilómetros de uso. Ah, porque a los 11 años ya manejaba los camiones de mi padre, y algunas de las máquinas usadas en la construcción tales como conformadoras, aplanadoras, rasadoras, niveladoras, tractores, trascabos, "manos de chango", etc.

Al ver el conocido logotipo Ford, dibujado en los techos de las naves donde se armaban los vehículos, el corazón me dio un vuelco. Pronto conocería al nuevo "bebito". Después de realizar algunos trámites, revisar papeleo y de pagar en efectivo el valor del camión (la compra se podía hacer directamente del armador, siempre y cuando se hiciera así, de riguroso contado) fuimos conducidos a un amplio taller donde había decenas de camiones a medio terminar, según yo, porque eran sólo las ruedas pegadas al chasis, y sobre éste un motor cubierto por una capota; el volante, la palanca de las velocidades, y los pedales del embrague y el freno unidos al piso, y nada más. Ni caseta, ni caja de volteo... vamos, ni siquiera asiento. En vez de éso tenían un cajón de madera para uso del operador. El empleado del departamento de ventas fue recorriendo una fila de aquellos vehículos inconclusos, checando sus números de serie, y de pronto se detuvo frente a uno que tenía la capota de color verde oscuro o verde botella, y sonriente dijo:

-¡Este es!

-¿Qué te parece? –me preguntó papá, sonriendo también.

-¿Este es nuestro camión nuevo? –inquirí asombrado, y añadí-. ¿Cuándo lo terminan? ¿Dónde está lo demás?

No había más, me explicó mi padre. Comprando el puro chasis se pagaba la mitad de lo que valía equipado, de comprarlo en una agencia. Era su manera inteligente de comprar un vehículo de trabajo, ya que él tenía el volquete hidráulico y la caja del camión que el "Vitrinas" había desbarrancado.

-Pero... ¿y su capacete? –le pregunté, todavía incrédulo-. ¿Cómo nos vamos a tapar del sol, del viento, y... cuando llueva, que va a pasar?

-Conseguiremos una usada, o le hacemos una de madera.

Pobrecito del 41, fue el patito feo de la flotilla. La caseta le fue adecuada por un carpintero que la hizo de madera; cuadrada, con cero estilo aerodinámico y sin puertas, desde luego. Cuando llovía, había que colgarle una especie de cortina improvisada con tela ahulada de la utilizada como mantel para mesa. A mí, honestamente, me avergonzaba manejarlo. Me imaginaba que, al pasar yo en él, todos se burlaban de mí murmurando... "Miren, a ese pobrecito no le alcanzó para comprarse una caseta"...

Sin embargo, el 41 resultó ser el más durable de todos los camiones de papá porque, cuando se retiró de trabajar en caminos, conservó ese camión que siempre manejó personalmente. Le consiguió placas de materialista y lo trabajó en el Distrito Federal un buen tiempo. Por ahí lo vieron transitar los chilangos, feo y desaliñado con su caseta de madera, pero siempre jalador, siempre rindiendo como el más pintado.

Recuerdo otro camión del mismo modelo que pertenecía a un Sr. David Lozano, posiblemente paisano nuestro por el apellido, quien también cuidaba exageradamente su camión manteniéndolo siempre limpiecito. Lo lustraba tanto que la pintura estaba a tal grado desgastada que ya no se sabía cuál había sido su color original. A veces recuerdas con agrado a ciertas personas. Depende, me imagino, de lo que oigas decir acerca de ellos, y de ese Sr. Lozano siempre escuché a mi padre decir que era el mejor de los hijos por la consideración, el cariño y el respeto con que trataba a sus padres. Me queda la impresión de que si voy al D.F., a la mejor hallo por ahí circulando al Sr. Lozano en su camión 1941. Impresión tal vez espuria, desde luego, de aquello han pasado más de 60 años...

Las cacerías

*Sus vidas dependían de la rapidez
conque saltaran tras un arbusto,
de lo súbito de su vuelo,
del escape a la madriguera...
o de lo chambón que el cazador fuera.*

Quetchi cate cagua en lengua zapoteca quiere decir...
Bueno, pero antes de traducir esa frase daré los antecedentes de cómo fue que, de niño, aprendí ciertas expresiones del hablar nativo.

En Iguala mi padre, cazador de hueso colorado, presidía el Club Cinegético y de Tiro al Blanco "Independencia," el cual armaba verdaderos safaris en que participaban de 12 a 15 cazadores para aventurarse en lo más apartado de las sierras de Guerrero y Oaxaca. En aquellos tiempos –por mimetismo, o quizá por verdadera afición– salir de montería me encantaba; por lo tanto, a pesar de andar apenas en mis 10 años y medio, papá premiaba mis afanes preadolescentes llevándome con él pues aducía que aquellas excursiones templarían mi carácter.

Salíamos de Iguala en auto para llegar a Tierra Colorada a media tarde. El Barbón ya tenía preparada ahí la caballada para los cazadores y las mulas para la impedimenta: lonas, cobijas, sal en grano, trastes, lámparas, y un borrico para el chiquillo importuno colado entre los mayores.

Mi padre apodaba El Barbón al guía responsable de reunir el equipo por tres pelos largos que, creciéndole en el mentón, nunca se recortaba. Esa noche dormíamos en tendajos o techos agenciados por el Barbón, y al día siguiente iniciábamos una cabalgata de tres días hacia los Estados de Oaxaca o Puebla. Seguíamos en ascenso el curso del Río Balsas que nace en las estribaciones del volcán Popocatépetl llamándose Mezcala, y vacía sus aguas al norte del Puerto de Zihuatanejo, bautizado Zacatula. Su extensión de 840 kilómetros le amerita ser uno de los ríos más largos y caudalosos de México. Al transitar por la ribera del cauce el hirsuto boscaje –fijo en las cimas de las serranías que dejábamos atrás– expresaba su avidez de la mojadura que corría por el lecho, o de la otra sostenida como vapor en las nubes que, en su altanera majeza, le negaban su humedad. A la segunda jornada llegábamos al sitio seleccionado por el Barbón para cruzar a la otra margen del torrente.

No sin cierto nerviosismo, calculé que aquella corriente tenía de ancho el largo de una cuadra y sólo podría cruzarse a lomo de los caballos, a quienes el agua les llegaría al cuello; y expresarlo así no era un aforismo, sino verdad absoluta. El declive del cauce no era pronunciado, por lo que el curso se deslizaba mansamente; pero bueno, mansa, muy mansamente que digamos, no me lo parecía. De alzada, el borrico que montaba apenas llegaba a las ancas del bridón montado por papá, y en cuanto se mojó las pezuñas no pareció muy convencido del beneficio de cruzar por ahí tanta y tan ancha torrentera, o de tomar un baño a tan temprana hora, por lo que fue necesario atar su brida a la silla de la montura de papá para que vadeara la corriente a rastras; y en cuanto a mí, debía considerarse que –a mi pipiola edad– la simple intención de rebasar aquel rabión en el lomo del pollino era una intrepidez de proporciones homéricas. Comprendí los resquemores del jumento pero, notando que mi padre me observaba de reojo, hice de tripas corazón. En cuanto el caudal inundó el interior de mis botines mineros, el cutis se me enchinó en sitios que resulta indecoroso mencionar. Sin embargo todo fue bien mientras el nivel del agua se mantuvo por abajo del pecho del onagro; pero tan pronto éste sintió que el agua lo cubría hasta la espaldilla, comenzó a tironearse para zafarse del cabrestante que lo estiraba, y ésto sucedió a mitad del cruce. Con cada corcoveo yo casi salía despedido de la silleta de madera en que montaba y, para evitarlo, me abracé desesperadamente al cuello del rucho olvidándome de mantener seca la escopeta .410 que llevaba en las manos, o la cartuchera prendida sobre mi pecho. De momento remedié la situación pero, al quedar mi cabeza bajo el nivel pluvial, el aliento –aunque entrenado a quedar contenido durante 90 segundos– se me agotó antes de cruzar toda la corriente. Al desmontar en la orilla contraria, una mitad de las aguas del Río Balsas gorgoteaba dentro de mi barriga, y el resto en la panza del asno.

Comúnmente arribábamos a rancherías en donde, de 20 ó 30 pobladores, quizá el cacique entendía un poco de Español. Lo remoto de aquellos lugares no se medía en distancia, sino en alejamiento de la civilización; entendiéndose por civilización todo aquello por lo que la naturaleza teme a su peor creación: el ser humano. Lo que quiero decir es que los venados estaban tan desacostumbrados a ver un zyú (hombre blanco en zapoteca), que por la noche se les hallaba en manadas de 2 ó 3 hembras con su macho y sus cervatillos. La sorpresa y la luz de las lámparas los paralizaba, dándole tiempo al cazador de apuntar a la espaldilla del macho sin posibilidad de fallar. Así pues, había dos formas de cazar en aquellos años: por medio de arreadas, o lampareando. En las arreadas, un grupo de peones batía el monte; es decir, 12 ó 15 hombres avanzaban por una hondonada formados en línea desplegada y separados 10 metros uno del otro, hacia el lugar donde la angostura terminaba o se cerraba y ahí, a distancia de 20 metros entre cada uno, se apostaban los cazadores para esperar a que los venados, asustados por los tamborazos o el griterío emitido por los arreadores, llegaran para morir acribillados por las balas asesinas. La otra manera de cazar era aún más impía, e inclusive estaba prohibida por el reglamento de la Subsecretaría respectiva. Se cazaba de noche usando lámparas de baterías, ó las más antigüitas de carburo. Cualquier animal quedaba en terrible desventaja. Al percibir aquella luz desconocida en medio de las tinieblas campiranas, se encandilaban; o sea que en vez de huir se inmovilizaban hasta que el brutal acero de una bala de alto poder hacía blanco en ellos. Parecerá inconcebible, pero esa clase de cacería, o de carnicería mejor dicho, aún se lleva a cabo en muchas partes del país sin que nadie la controle o la castigue.

Pero bueno, retornemos al monte guerrerense. Ya bien entrada la noche acampábamos para descansar y comentar los incidentes del día exagerando –naturalmente– las aventuras corridas, o la dificultad de algunos tiros afortunados, al calor producido no tanto por las fogatas sino por el fiero ardor del mezcal destilado de las agaves locales. Y yo, yo también me ponía más Pedro que Pablo, o séase un tanto cuanto incróspido masticando los rebordes recortados a las pencas de maguey recién horneadas pero aún no exprimidas que, a pesar de ó quizá por eso, eran dulcísimos pero muy embriagadoras. Después de desearse mútuamente más salud de la esencial, los cazadores aflojaban la lengua y comenzaban a jactarse de sus últimas hazañas románticas, y era entonces cuando, practicando la lengua nativa, hacían la consabida pregunta a los habitantes del poblado en turno: "¿Quetchi cate cagua? ¿Cuánto vale tu hermana?"...

Un día le pregunté a papá por qué algunos de los cazadores les hacían esa pregunta a los inditos y él, todo candor, me informó:

—Porque esta gente vende el trabajo de sus parientes. Si necesitas una sirvienta, le pagas una cantidad a su padre, o a su hermano, y te la llevas.

—¡Ah! —acepté yo, añadiendo. —¿Y cuántas vas a llevarle a mamá? Ella está buscando muchacha...

—¡Ajém, ajém! —carraspeó él, y se ocupó en atizar el fuego de la hoguera olvidándose de contestar mi pregunta.

Una tarde regresábamos de la tirada conmigo a la zaga de la cabalgata, montando el mismo burro pajarero. Para descender al campamento debíamos recorrer un tramo de serranía muy agobiante por el largo rodeo que representaba. Es un hecho bien conocido que al salir a sus labores por la mañana, un caballo viejo o un asno de hacienda veterano, caminan lo más despacio que pueden, o bien se paran y ni Dios los mueve; en cambio, cuando ya van de regreso al pesebre avivan el paso y nada los detiene, sobre todo si conocen el camino. Aquel desdichado pollino, ó conocía perfectamente el camino, o razonaba mejor que Aristóteles, Sócrates, Heráclito, y Platón reunidos en conciliábulo, porque en vez de seguir el sendero abierto sobre el lomo de la cordillera, de pronto torció a su derecha y tomó por una angosta vereda para descender por ella. Yo llevaba en las manos mi escopeta .410 y un rifle 30.06 de mi padre, nuevecito. De inmediato metí frenos, ó séase que tiré de la rienda para obligar al rucho a detenerse, o a girar de regreso, gritándole que aquel no era el camino, pero el calamitoso cuadrúpedo no me hizo caso. Terco, emparentado de mula, siguió bajando por la empinadísima vereda que, por falta de uso, se había constreñido a trocha semi borrada de modo que las punzantes ramas de los huisaches y chaparros se entrelazaban por encima de la cabeza del burro, librándola, pero alcanzando la mía para arparla, carpirla, desgarrarla, gatuñarla, herirla, pincharla, rasgarla, zarpearla, y... harían falta más sinónimos para describir todo lo que me pasó bajando por aquel endemoniado túnel de tortura ya que, imposibilitado para cubrirme la cara con los brazos pues en ellos llevaba las armas, nada pude hacer para evitar el castigo que la naturaleza me imponía por andar matando animalitos indefensos. Pero no me cabe duda que el cabruno jumento sabía lo que estaba haciendo porque, en menos de 15 minutos, ya rebuznaba en el campamento pidiéndole a su dueño un merecido pienso. Aunque yo pienso que lo merecido sería una buena cintariza para disciplinarlo; pero bueno, era sólo un borrico; con peores guarangos me fui topando más tarde en mi vida. Cuando mi padre llegó al acampamiento, media hora después, se sorprendió al hallarme ahí, pero más desconcertado quedó al verme hecho una réplica del Santo Cristo zangoloteado.

Esa noche, conciliaba ya el sueño cuando escuché la voz de papá instándome a levantarme. Quería dar una vuelta por ahí cerca para ver si encontrábamos algo a qué tirarle. Gustoso me levanté, me calcé los botines y pesqué mi escopeta. Apenas nos habíamos alejado unos 100 metros del vivaque cuando, al echar papá su luz a un lado, brillaron en la oscuridad un par de ojos. "¡Ahí hay algo! ¿Qué puede ser?"... Se oía un sonido como el piar de pollitos... "¿Será un tigrillo? No, ya habría mayado"...

–¡Tírale antes de que escape! –ordenó papá y yo, ni tardo ni perezoso, me eché la escopeta a la cara, apunté al medio de los ojos y disparé.

Los ojos desaparecieron y el piar de pollos cesó. Emocionado saqué mi lámpara de bolsillo, me acerqué al sitio donde brillaran los ojos y encontré a mi víctima: una enorme tarántula capulina despanzurrada por las municiones.
–¡Lección de hoy, los ojos de las arañas también reflejan la luz!
–Papá se moría de la risa, pero a mí su broma no me divirtió.

Otra vez antes de tirar me aseguraría de tener en la mira un animal con menor número de patas.

    Al día siguiente, el guía que nos acompañaba nos dejó esperando en un paraje árido mientras iba en busca del resto de la tropa para decidir dónde acamparíamos esa noche. Se fue antes del mediodía llevándose nuestras dos cantimploras y su propio guaje, para rellenarlos en el camino. Qué agotador es permanecer varias horas bajo el candente sol de Guerrero sin más protección que un sombrero de palma real. ¡Peor que asolearse en la playa de Hornos, en Acapulco! Y el condenado guía que no regresaba, y que también se había llevado el itacate cuando el reloj biológico decía que ya era hora de comer. Con el sol a medio cielo y el calor reinante, ni lagartijas para cazar. Si acaso una que otra iguana que rauda cruzaba las veredas. Cierto que las iguanas se comen pero, después de la mordida en un dedo que recibiera de una no hacía mucho, prefería ignorarlas. ¡Y el hambre y la sed que iban en aumento! Finalmente, papá decidió que ya era mucho esperar y nos fuimos. Recorrimos la sierra, subimos y bajamos pendientes, cruzamos barrancos, hondonadas y vaguadas, sin encontrar agua, alimento, guía ó compañeros. Al filo de las 5 de la tarde yo sentía la lengua como lija del número 3, especial para raspado grueso. Remontábamos una loma cuando, abajo, en un lote plano descubrimos un paisaje maravilloso: entre la arena crecía un sembradío de gigantescas sandías. Los dos corrimos. Las piernas de mi padre eran más largas y fuertes, pero las mías más rápidas. El final de la carrera fue de fotografía: nariz con nariz; y casi nos arrojamos de panza sobre la cucurbitácea más próxima. Arrancándola de su tallo, papá la levantó en el aire, la estrelló contra el suelo y el pepón se partió en varios fragmentos que escurrían acuosa miel la cual, ávidos como estábamos, engullimos cual trogloditas. Nunca me ha vuelto a saber tan sabroso y refrescante un melón de agua como los varios que comimos esa tarde. Ahora que, por no añadirles sal, vaya empanzonada la que nos pusimos. Ambos teníamos la barriga más inflada que el globo aerostático que Don Joaquín de la Cantolla y Rico elevó sobre la emplumada cabeza de Don Porfirio Díaz, aquel memorable 16 de septiembre del año 1900.

Ya reconfortados, al poco tiempo hallamos al resto del grupo cinegético y compartimos con ellos un delicioso guiso hecho con las vísceras de los venados cazados ese día. Debido al calor, era imprescindible desollar a los ciervos, abrir su carne en tiras y salarla para ponerla a secar; de otra manera en pocas horas se echaba a perder. Por esa razón, nuestras cenadotas eran de órdago.

Ese crepúsculo, papá propuso que diéramos una vuelta. Amoscado por la broma del día anterior, acepté ir siempre y cuando no tratáramos de cazar algo. Papá llevó su lámpara de carburo para no ir a desbarrancarnos por ahí. Al poco andar echó la luz a un lado del sendero y un par de ojos brillaron. Otra vez las arañas, observé, pero papá guardó silencio. No se oía el piar de pollitos que emiten los arácnidos.

–Creo que no es una araña, mi'jo. Son ojos demasiado grandes y brillantes...

– ¿Y qué hacemos? No traemos con qué tirarle...

–Aviéntale un piedrazo aunque sea.

Recogí una piedra grande como mi puño y la arrojé, pero los ojos seguían ahí.

–Tírale otra –insistió papá. –Sigue tirándole mientras no se mueva.

Y le lancé otra y otra, pero los ojos sólo cambiaron de posición ya que ahora los veía uno arriba del otro, en vez de estar uno al lado del otro. Seguí acercándome hasta ver... ¡Que aquel montón de pelos era una zorra muerta!

–Lección de hoy. ¡Los ojos de los animales, aún muertos, reflejan la luz!

El último día de esa cacería, mi padre y yo nos apostamos al extremo de una vaguada. El monte estaba alto, o séase que la hierba había crecido por las lluvias y me impedía ver el sendero que corría a pocos metros del sitio donde nos resguardábamos del sol. Papá sugirió que trepara a una morera para otear desde ahí la vereda. Me encaramé como pude y me acomodé sobre una horqueta. Al poco rato empezaron los ruidos y los gritos de los arreadores asustando a los cérvidos en nuestra dirección. El clamor de "¡Ái va! ¡Ái va el venado!" nos llegó por nuestro rumbo. Papá y yo aprestamos las armas, nos pusimos vigilantes y, de pronto, ¡qué emoción! vi saltar al gamo sobre unos arbustos para tomar por la vereda. Sin pensarlo levanté la escopeta. En plena carrera le apunté a la espaldilla y disparé. El corzo cayó fulminado y dejó de moverse. Mientras me resbalaba por el tronco del árbol, papá llegó hasta el animal que expiraba, y asombrado me preguntó:

—¿Le tiraste, verdad?...

—¿Por qué?

—Porque tiene una sola herida, pero alrededor de ella hay incrustadas postas de mi disparo y municiones del tuyo. ¡Los dos le dimos en la espaldilla!

Al día siguiente, a nuestro regreso a Iguala, conmemoramos la hazaña con la consabida fotografía tomada por Don Pancho Romero. En ella aparecemos mi padre y yo, con dos venados. Uno que mató él ese mismo día, y el otro que matamos al alimón. Conservo esa foto al lado de mi computadora. Yo aparezco de 10 años y medio, él de 55. Yo espigado, esbelto, orejón, la amplia frente enmarcada por el pelo oscuro peinado de "lamida de vaca," con cartuchera y cantimplora a la cintura, y asida en la mano derecha mi escopeta .410; luzco camisa blanca, pantalón de peto, zapatos de punta raspada y una sonrisa ufana por encontrarme al lado de aquel hombre robusto, bien parecido, cuya expresión complacida destila bondad.

Sus expectativas se habían realizado...

El folklore de Iguala

Los pueblitos pueden ser simpáticos,
encantadores y románticos,
igual que pueden ser deslucidos
tristes y muy aburridos.
Todo depende, amigo Vicente,
De cómo te trate su gente...

Y en Iguala, Guerrero, la gente me trataba... pues qué te diré, entre los 6 y los 10 u 11 años de edad, no se tiene mayor trato con la generalidad de una población, así pues no puedo describir cómo me trataban los igualtequences de entonces; además, ya han pasado 60 años. Sesenta años. Se dice fácil, pero para apreciar qué tan largo es ese lapso de tiempo, debe vivirse. Ahora bien, te diré: posiblemente por fuera parezca estar viejo, pero por dentro sigo siendo un mocoso. Además, todo ese montón de años se me ha hecho cortito, y como gracias a Dios gozo de buena salud, espero vivir hasta cumplir CIENTO CATORCE AÑOS. ¿Por qué esa cantidad? No lo sé. Un día se me ocurrió esa cifra, y no se me ha retirado del pensamiento. Ya anteriormente me pasó lo mismo. Al cumplir los 33 me planté ahí durante 3 ó 4 años. Un día, cuando mi hijo menor estaba en tercer año, su maestra le preguntó: "¿Cuántos años tiene tu mamá?" y él expedito contestó: "¡Cuarenta!" "¿Y tu papá?" Ahí se quedó pensando y, dudoso, dijo: "Treinta y tres... o más." Lo único preocupante acerca de la edad, es divagar, o séase separarse sin ton ni son del asunto por platicar o escribir. Y a propósito, ¿qué es lo que iba a contarles?... ¡Ah, sí! Acerca de los espiritualistas, como ellos se llaman ahora, que vivían frente a mi casa, en Iguala.

La primera casa que alquilamos era en realidad un cuartotote estirado a lo largo de la calle, con una puerta al exterior, y otra a un corredor del cual sólo me quedan malos recuerdos. En ese pasillo velamos a mi chofer favorito, el buen "Vitrinas". Ahí, acomodando la leña para el fogón, aventé un grueso tronco de un extremo al otro del cobertizo, pero éste pegó en un mecate tendido a lo ancho de la arcada, dio una vuelta de campana, y regresó impulsado por la inercia para darme de punta a un ladito de la mollera. Lo bueno de la tremenda descalabradota, fue que me valió para no ir a la escuela durante una semana.

Había otro techado donde tenía construidas varias de mis carreteras en miniatura. Pocos metros patio adentro estaban el lavadero de la ropa y la noria, que le servían de baño palmario a Ramirita, aquella muchacha a quien mamá corrió por considerar que su costumbre de bañarse descalza hasta la cabeza, sin ningún recato santurrón, era reprobable; cuando mis amigos y yo lo considerábamos un hábito de encomiable pulcritud, sumamente edificante.

Junto al pozo crecía un hermoso árbol de limones reales, dulces, dulces, dulces, que no asperjaban ese zumo de cáscara ácido diseminado por otras especies de limas. Hacia el fondo se extendía un amplio corral, y al término de éste quedaba la troje donde procreaba mis murciélagos. En esa casa no había excusado, ó séase WC, ¿se imaginan? No, mejor ni se lo imaginen. Era uno de los detalles desagradables que debían sobrellevarse en épocas pasadas.

La segunda casa donde habitamos constaba de dos grandes habitaciones al frente, con dos puertas a la calle y dos al patio. Atrás tenía dos arcadas exteriores. Una corría al poniente y la usábamos como comedor, por lo fresco, y otra iba al norte hacia la cocina. La vista daba a un jardín con varios frutales. La noria rendía magnífica agua y, desafortunadamente, surtía a una regadera interior de modo que ahí no había baño palmario –ni Ramirita– y, separado por una barda, se extendía un corral con un cuarto exterior incorporado, o outhouse, como los granjeros gringos llaman al excusado, el cual contaba con un eficientísimo sistema de limpieza por deglución suidea, totalmente automático. En cuanto evacuabas, el detrito desaparecía. Nunca quise averiguar cómo funcionaba aquel sistema porque los misteriosos y siniestros gruñidos –como de verriondos insaciables– surgidos de las entrañas del artilugio, me amedrentaban. ¡Ah! Y precisamente por lo espeluznante de aquellos ronquidos, recuerdo ahora que los espiritistas habitaban la casa frontera a la primera que ocupamos.

Pues bien, el cuento viene a cuento en razón de que un día nos dio por investigar qué acontecía durante una de aquellas sesiones espiritas de las que emergían –a pesar de estar puertas y ventanas cerradas a piedra y lodo– toda clase de ruidos: alaridos diabólicos, aullidos inicuos, balandros abyectos, horribles bramidos, chillidos tétricos, exclamaciones malignas, gañidos aterradores, gritos aviesos, lamentos espantables, llamadas patibularias, quejas trágicas, rugidos pavorosos, vociferaciones lúgubres y voces odiosas. El problema era cómo indagar lo sucedido detrás de aquellos sibilíticos muros.

Corría el mes de Noviembre, mes de muertos, o de difuntos. Las distintas celebraciones culminaban el 2 de noviembre, y algo verdaderamente tradicional en Iguala eran Las Ofrendas. Sin estar reconocido pública u oficialmente, había un concurso para ver quién ponía la mejor ofrenda en honor de su finado. Y la cosa iba así: en ventanas, balcones y puertas, lo más a la vista de los vecinos posible, se colocaban las "ofrendas" las cuales en realidad venían siendo una reproducción o reconstrucción del fallecimiento del occiso. Generalmente, entre las más vistosas se contaban aquellas en que el extinto había perecido en un accidente automovilístico porque se reproducía el tramo carretero donde hubiese ocurrido la tragedia, y se ornamentaba con toda clase de detalles para describir gráficamente el incidente. Cuando el finado había sido asesinado, se remedaban las circunstancias del crimen con muñecos. Había ofrendas tristes, como las que representaban al interfecto muerto por enfermedad; o alegres, cuando el fallecido era un infante, pues ya no seguiría sufriendo en este mundo. Lo clásico era recorrer todo el pueblo admirando las ofrendas, opinando sobre las más espectaculares, o vistosas, o costosas, porque algunas gentes realmente se la bañaban gastando en exceso, con tal de que se hablara bien del "difuntito", a quien seguramente ya le importaba una semilla de planta umbelífera, o séase un comino, lo opinado por sus ex coterráneos acerca de su muerte, o de la ofrenda que sus ofrendosos parientes le ofrendaran. Y... no les digo, ya me salí otra vez del tema. Tratábamos de averiguar lo hecho por los espiritistas pero, debido a la fecha que era, nuestro plan se convertía en una aventura más que atrevida espeluznante. ¿Y si los espiritistas ordenaban la aparición de un fantasma cuando los espiáramos?...

Moisés, el ratoncillo maicero, se manifestó con la solución. Si su abuela Doña Agriapiña, como llamaba yo a Doña Agripina, la viejecilla ciega y malgeniosa ya se había dormido, podíamos ir a su casa para treparnos a un almendro de cuyas ramas era posible pasar al techo de la casa de los espiritualistas, para asomarnos al interior por entre las tejas.

Doña Agriapiña ya roncaba plácidamente, por lo tanto treparnos al techo colindante resultó fácil. Con gran sigilo levantamos una teja, y lo que vimos y oímos nos dejó pasmados: en el local, la concurrencia se reunía en un reducido estrado sentada frente a un foro donde una mujer de edad, con apariencia de bruja estantigua, se aposentaba en un sitial. Desde nuestro punto de vista podíamos observar que un telón de fondo suspendido por detrás de la arpía ocultaba varios mecanismos para hacer volar sobre las cabezas de los asistentes mantos de tul, esqueletos de organdí y máscaras de papier maché. Entre el cortinaje negro también se escondían varios micrófonos, diversos instrumentos para reproducir sonido, y una consola con tocadiscos operada por un sujeto vestido totalmente de negro, que inclusive cubría su cara con un pasamontañas oscuro.

Al asomarnos por entre las tejas, una concurrente consultaba a la médium. Ésta, apoltronada en el solio, se mesó el pelo y comenzó a "entrar en trance". Mientras tanto, detrás de las bambalinas el utilero colocó un disco en la tornamesa para que se escuchase en el recinto, a través de varias bocinas ocultas, un tétrico lamento que casi nos hizo huir. Pero pudo más nuestra curiosidad y permanecimos paralizados en el espiadero. Tras el telón, al concluir la queja el colaborador tomó un micrófono y habló, fingiendo la voz de un anciano, y por las bocinas escuchamos el "mensaje de ultratumba" que trataba en esencia de dinero dejado oculto por el finado, pero rescatable fácilmente siempre y cuando la consultante se portara generosa con la médium, quien ahora sufría no de medio sino de un auténtico arrebato de delírium tremens.

Al escuchar la voz tembleque la consultante sufrió un patatús, pero se recuperó rauda y veloz para preguntar dónde debía buscar el "entierrito". La bruja acentuó sus cabriolas de manera tan chusca que, estimulado nuestro nerviosismo, nos causó una explosión de hilaridad. El vetusto techo de la casa no resistió nuestras vibrantes carcajadas y, venciéndose, se desfondó. Caímos sobre la convulsa esperpenta y varios de los asistentes, quienes se llevaron el susto de su vida; en especial la consultante, quien de momento creyó reconocer en mi amigo Vicente a su marido vuelto no sólo a la vida sino a una rozagante juventud, y lo persiguió por todo el recinto en tanto que Raúl, Herlindo, Moisés y yo, éramos correteados por la médium quien, restablecida del apachurrón sufrido cuando caímos sobre ella, recobró sus facultades para acosarnos encarnizadamente. En cuanto al ayudante, ni se diga; de alguna parte consiguió una tranca con la que amenazaba suprimirnos nuestros derechos humanos. Sin embargo, la embaucadora y su ayudante de perseguidores se convirtieron en perseguidos cuando el público descubrió todos los artilugios con que eran engañados, y se transformó en enojada turba que les exigía la devolución de los dineros entregados. Nosotros, por fin, encontramos la puerta de salida y escapamos pitando, ya que ni siquiera podíamos exigir la devolución del importe de las entradas puesto que habíamos caído "del cielo".

El boticario japonés

Nunca confíes en las apariencias
porque aun el oro puede engañar.
Lo que a ti te parezca vil traición,
para otros quizá sea mérito de corazón

Era bajito de estatura, y tras el mostrador de su botica lucía como una persona muy formal; sin embargo, a la menor provocación disparaba una sonrisa que resultaba un visaje hermoso en el que destacaban dientes fuertes y en las mejillas hoyuelos que lo hacían simpatico al primer encuentro. Sumisa y reverente, su esposa era una dama que se movía como una sombra silenciosa tras la mampara que separaba el área del mostrador del cubículo donde preparaba las recetas. Ella era la Fármaco bióloga responsable de la farmacia. Sus hijos parecían sacados de una estampa oriental, como aquellas impresas en los calendarios que repartían entre sus clientes a fin de año.

La familia nipona era admirada y considerada una de las más respetables de Iguala y el farmacéutico, como profesional, acopiaba la consideración de todos los médicos de la localidad. Jamás había habido queja contra la exactitud o eficacia de los remedios por él preparados. Su única peculiaridad consistía en la frecuencia con que viajaba al litoral guerrerense lo cual hacía, según su decir, porque gustándole nadar en el océano añoraba mucho el de su país. A pesar de su introspección, ya que no departían con sus vecinos ni compartían las festividades sociales en las que todos participábamos, se les estimaba bien.

A las afueras de Iguala, anexo a la carretera que conducía a Acapulco, había un terreno de regulares dimensiones con dos trochas trazadas que se utilizaban como pistas aeronáuticas cuando –casi por equivocación– aterrizaba ahí alguna aeronave. En una ocasión, a media mañana, el ronco sonido proveniente de un avión monomotor de ala alta circuló sobre la ciudad con insistencia, sorprendiendo a la población.

Como era natural, los chiquillos salimos corriendo a la calle para gritarle: "¡Echa papeles!", y varios adultos tomaron sus vehículos para dirigirse al campo aéreo a curiosear el aparato, si es que llegaba a tomar tierra. Minutos después la noticia de que el aeroplano había aterrizado corrió por el pueblo y, por hordas, los vecinos acudieron al campo de aviación para atestiguar el insólito acontecimiento. Yo no me quedé atrás. Saltando sobre mi bicicleta pedaleé para recorrer el tramo de tres kilómetros en menos de 10 minutos, y llegar antes que otros fisgones. Sudoroso entré por la puerta de golpe que cerraba el acceso al campo de aterrizaje y, por el frenazo dado, casi me fui de boca. Frente a mí tenía un enorme monoplano con el motor apagado. Estacionado en contra del viento, permanecía con la portezuela cerrada. Sus dos tripulantes, inconmovibles, se mantenían en sus respectivos asientos. No se movían, no hablaban, no decían qué querían o qué buscaban, si es que buscaban algo, o qué era lo que ahí hacían. A pesar del calorón reinante, seguían sentados con sus overoles de vuelo abotonados hasta el cuello, los gorros puestos y los goggles colocados sobre los ojos, de modo que no podíamos saber qué eran, qué parecían, o de dónde eran. Todos nos hacíamos cruces lanzándonos mil interrogantes pues el avión tampoco daba pistas, excepto por su pintura verde olivo sólido semejante a la de los aparatos militares. Poco después llegaron el Alcalde, el Comandante de la policía y el Coronel jefe de la zona militar, atraídos por el chismarajo regado.

  Muy decidido, el presidente municipal se dirigió a la portezuela del avión y tocó en ella. Fue hasta entonces que los pilotos dejaron sus asientos, vinieron a la puerta y saltaron fuera de la nave. El Alcalde los saludó y uno de ellos, el más alto, o mejor dicho, el menos chaparro, se despojó de los goggles y la gorra de vuelo permitiéndonos ver que era oriental, y respondió en buen castellano a las preguntas del munícipe, quien enseguida alzó la voz dirigiéndose a la multitud para informar que aquellos hombres venían en busca del Mayor Yashimoto, que si alguien lo conocía. Nadie respondió afirmativamente, y el funcionario así se lo informó al piloto quien inquirió si se encontraba en Iguala, Guerrero, y, al corroborársele que así era, sólo dijo que esperarían y tomó asiento con su compañero a la sombra de un árbol. Apenas transcurridos 15 minutos entró al terreno un carro de alquiler que se acercó al avión. Para sorpresa de todos, quien descendió del auto fue el boticario japonés, pero ataviado con un sobrio uniforme complementado con una espada colgante de su cintura. Su esposa lucía un kimono y sus 4 niños vestían ropas típicas de los párvulos nipones. Al verlo, los pilotos le saludaron militarmente, le hicieron una profunda caravana y subieron rápidamente al avión su equipaje, que consistía de grandes portafolios para portear algo así como planos de ingeniería. Por lo demás, nada llevaban que pareciera ajuar de ropa o de cualquier otra índole. El droguista se cuadró ante el Coronel jefe de la zona, miró a la multitud y sonriendo saludó en general, despidiéndose. Para cuando al militar mexicano se le ocurrió que debía haber interrogado al oficial oriental, éste ya había trepado al avión tras su familia, los pilotos estaban en su sitio, y el motor arrancaba para que el avión se hiciera al aire en un santiamén.

Al regresar la gente al pueblo se supo por los vecinos que el farmacéutico, en su prisa por irse, ni siquiera había cerrado la puerta de su casa. Al entrar para hacer averiguaciones, las autoridades encontraron ahí no sólo posesiones materiales y personales, sino también evidencias de que el boticario no era tal, sino un experto cartógrafo del Ejército Imperial Nipón, con grado de Mayor, que dejó atrás gran cantidad de equipo de cartografía que demostraba, obviamente, su asidua dedicación a levantar mapas orográficos e hidrográficos del litoral guerrerense, y exactas cartas de navegación náutica y aérea de una gran extensión de su costa.

Aquello ocurrió el sábado 21 de junio de 1941. El ataque japonés a la base norteamericana de Pearl Harbor en el Océano Pacífico –que inició la guerra entre el Japón y los Estados Unidos– se efectuó el domingo 7 de diciembre de 1941, apenas seis meses después de que el farmacéutico nipón se fuera de Iguala. ¿Cuántos boticarios más, súbditos del Sol Naciente, habría a lo largo del litoral del Pacífico hasta la frontera con los Estados Unidos, y aun dentro de ese país? Si tal hecho no revela preparación para una contienda armada, ¿qué otra cosa podría hacerlo? Sin embargo, al final pudo más el poderío económico judío/norteamericano, que la temeridad de los alemanes y la astucia de los japoneses, y los gringos ganaron la guerra. Ni modo, así es el abarrote...

Domingos cinegéticos

Descarga de pólvora negra, vuelta pálida nube...
Hube de ser pequeño para gozar
un deleite inocente, lo que tanta gente
toma por descontado, porque es dado,
regalado, concedido y obsequiado:
el ser un chiquillo bien amado...

Chiquillo, chiquillo, sí, pero a los 11 años y medio ya era Campeón Estatal de Tiro con rifle calibre .22 a 50 metros de distancia, y legítimo orgullo de mi padre. La razón de mi excelente puntería era, sin duda, la práctica, que es la que hace al maestro, y nos adiestrábamos durante la primavera, el verano y el otoño, que en Iguala duraban casi todo el año. O séase que cada domingo nos fogueábamos en el Campo de Tiro Punta de la Loma, distante 12 kilómetros de Iguala, sobre la carretera a Taxco.

Punta de la Loma era un paraje hermoso, parte de un valle cuyo arroyo arrastraba agua todo el año y, durante la época de lluvias, formaba contra un recodo un amplio estanque en el cual nadábamos los chiquillos descendientes de los miembros del Club Cinegético y de Tiro al Blanco "Independencia". Ahí nos reuníamos socios, familiares e invitados, para participar en la tirada al blanco que semanalmente se convertía en una fiesta donde campeaban la camaradería y el buen humor, y se comía y se bebía copiosamente.

El lance se efectuaba con pistola o rifle contra siluetas a 50, 100 y 200 metros, y sobre gallinas, guajolotes o borregos vivos, a 100, 200 y 500 metros de distancia. Para el evento sobre siluetas se usaban las formas estándar expendidas por la Federación Mexicana de Caza, Tiro y Pesca, que dirigiera durante varias décadas con aptitud, juicio y cristalina honestidad el distinguido tirador Don Gonzalo Aguilar Farrugia, al propio tiempo encomiable Oficial Mayor de la

Cámara de Senadores durante varios períodos presidenciales, hasta que el señor de la guayabera permitió que la rama cinegética de la Federación fuese usurpada por gángsters que convirtieron tales actividades en un provechoso medio de lucro. Afortunadamente, la Alianza para el Cambio por fin echó fuera del medio deportivo al par de "hermanos" de lo ajeno, tal como lo reclamaban innumerables periodistas de la fuente. Pero en fin, decía que las siluetas estándar –que años después eran empaquetadas y puestas en el correo por la Srita. María Esther Aguilar Reed, estimable hija de Don Gonzalo– se colocaban en soportes a las distancias convenidas, según el tipo de tiro por desarrollarse. Las gallinas o los guajolotes se aseguraban a estacas clavadas al suelo, con suficiente longitud de cordel para que pudieran moverse en un círculo de dos metros. Dichas aves eran colocadas en la cima de una loma que se erguía sobre el terreno a distancia muy conveniente. Al borrego se le daba mayor protección. Situándolo en un montículo más alto, a 500 metros de distancia, era atado a una cuerda que le permitía caminar hasta 3 metros a su izquierda o a su derecha, según se lo indicara su sentido de preservación cuando se disparaba en su contra.

El arreglo tácito entre socios era que quienes mataran gallinas o guajolotes, adquirían la obligación de llevarlos a la reunión del siguiente domingo convertidos en deliciosos moles, ya fueran poblanos, negros, colorados, de olla, de pipián o de cazuela, y los borregos en sabrosísima barbacoa de pozo cubierto con hojas de maguey; razón de ser de las comilonas mencionadas. Por supuesto, la cerveza enfriada en hielo resultaba indispensable por el acaloramiento natural.

No sé qué de especial tenían aquellas reuniones que las recuerdo con tanto cariño... ó más bien sí lo sé, pero me es difícil expresarlo con palabras. Era... la risa, que brotaba a la menor provocación ya fuera por las agudezas, chistes, anécdotas o chascarrillos que se contaban, o por las bromas, chanzas o cuchufletas que nos hacíamos unos a otros. Era... el jolgorio y la algazara de los asistentes, contentos de estar y convivir con gente idónea. Era... la libertad de correr sin zapatos sobre el pasto húmedo, y la alegría de brincar desde el borde del embalse al arroyo, cuyas aguas bajaban achocolatadas de las cimas serranas. Era... la posibilidad de manejar un arma, rifle o pistola, como lo hacían los vaqueros en las películas, y dispararlas tantas veces como me diera la gana contra aquellas inermes siluetas que ni contestaban los disparos, ni morían tampoco a causa de los plomazos recibidos. Era... el ser chamaco, el estar fuerte y saludable, el ser autónomo y montaraz, independiente como el viento. Era... el tener 11 años y un padre que me dejaba hacer lo que me viniera en gana, sin convertirme por ello en un mocoso mentecato...

Pero no siempre fueron placenteras aquellas reuniones. Al poco tiempo de habernos mudado a Acapulco y hacia el final de la campaña presidencial de 1940, supimos que un domingo llegó a Punta de la Loma un grupo de secuaces políticos armados y, siendo los tiradores en su mayoría opositores del partido/gobierno, los asaltaron, les robaron sus armas, violaron a las mujeres presentes ante la vista de sus esposos, novios o hermanos, y asesinaron a varias personas. Claro que, al tomar posesión de la presidencia de la República el candidato de los criminales, su delito quedó impune. Esos eran los tiempos políticos que aún corrían...

Desde entonces se acabaron las tiradas en Punta de la Loma; el paraje fue tornándose silvestre nuevamente y nadie más lo gozó... Yo crecí y nunca volví por ahí... ¡Qué pena!

¿Pos cual educacion basica?

Brinca la tablita, yo ya la brinqué,
Bríncate otro añito que al cabo y qué.

Esa fue la realidad virtual de mi educación elemental, debido al trabajo caminero de mi padre que nos mantenía desplazándonos de una población a la siguiente con relativa frecuencia. Además, a papá la irregularidad de mi instrucción primaria le venía Wilson. A él le importaba –y mucho– que aprendiera el idioma inglés, y lo demás era lo de menos. Al rodar de los años, ésto –lo de aprender Inglés– tuvo relevantes consecuencias.

Hice parvulitos con unas monjitas pellizconas en un kinder situado en la segunda calle del Chopo la cual, en verdad, venía siendo la tercera y, luego con el tiempo y la apertura de la cerrada del Museo de Antropología, llegó a ser la cuarta calle del Dr. Quiensaqué Martínez. ¡Ah, monjitas condenadas! Cuántos pellizcos me metieron por jugar con Jorge Von Zigler, mi asiduo adlátere tanto en el recreo como en los ratos que permanecíamos castigados después de clases, por comportarnos abajo del nivel conciliar. Luego, tal vez el mismo año, ingresé a otro kindergarten en Amecameca, Estado de México. De mi estancia ahí tengo varias memorias: primera, la vista de los volcanes, el Iztaccíhuatl y más prominente el Popocatépetl, desde la ventana del salón de clases; segunda, haberle entregado en mano propia un ramo de flores –durante su campaña electoral– al Gral. Don Lázaro Cárdenas del Río, Candidato a la Presidencia de la República, en la plaza principal del pueblo; tercera, la escalinata que ascendía hasta la puerta de un santuario, recuerdo emanado quizá no de la disposición piadosa, sino del cansancio producido por las múltiples ocasiones que trepé sus muchos escalones, para subir a ofrendarle margaritas a la Virgen en el mes de mayo.

El primer año de primaria sí lo hice, pero no... no me lo parece. A ver, el segundo... no, tampoco asistí a segundo porque no rememoro otra institución docente sino hasta haber ingresado al plantel de Don Severiano, en Iguala. A la mejor fue ahí donde hice el primero y el segundo años, aunque lo dudo porque no siento haber estado ahí mucho tiempo, quizá un par de meses, y en dos meses resulta difícil completar dos años escolares. ¡Sepa Dios! Sin embargo, digo, no sé, el colegio de Don Severiano era bastante peculiar, por no llamarlo de otra manera. Para empezar, él, Don Seve, era el ayo, instructor, maestro, mentor, pedagogo, prefecto, tutor, catedrático, director, y único profesor. Hasta donde recuerdo, en la escuela había patio de recreo, eso sí, y 3 ó 4 salones, o séanse grupos divididos quizá no tanto por años o por grados, sino por el tamaño de los educandos. En vez de 2º., 3º., 4º., etc., tenía alumnos chicos, medianos, grandes y tarados, siendo estos últimos los grandulones. Tal vez al inscribirme quedé en el grupo de los medianos porque, según invoco, fueron menos los condiscípulos a quienes no me desconté, que a los que sí les soné sus buenos catorrazos por mofarse de mí debido a ser no sólo "el nuevo," sino además "el fuereño."

Puesto que era indiviso, Don Seve corría de un salón a otro dando instrucciones para entretenernos mientras aquietaba a otro grupo; pero entre carrera y corrida supongo que olvidaba o confundía cuál grupo era el que estaba atendiendo y revolvía las clases; de tal modo, a todos nos tocaba por parejo algo relativo al 1º., 2º., 3º., 4º., 5º., ó 6º. Año de Primaria. Ahí sin duda estuvo mi empareje, porque al siguiente curso escolar me registraron en 3er. Año.

Asistí a la Escuela Primaria Federal "Nicolás Bravo," pero no recuerdo haber terminado el año, y tampoco logro una imagen mental del maestro o maestra que haya tenido ahí, aunque sí visualizo a algunos de mis compañeros, en especial a una condiscípula que se veía bastante "madurita," sobre todo al encaramarse en un pupitre para bailarme La Sandunga, echándole a su danza muchos giros con los cuales descubría todas, bueno, casi todas sus madureces. A través de los años la he bautizado como Lupe.

Lo que reconstruyo bien en mi magín es el patio de esa escuela. Era un espacio amplio, sombreado en una esquina por varios árboles de gran fronda que protegían un foro abierto.

Todas las mañanas efectuábamos una ceremonia llamada asamblea, que me causaba gran mortificación. Todos los grupos escolares se formaban en el parque, se izaba el lábaro patrio y se cantaba el himno nacional, y ésto era lo aflictivo para mí. Recibía la instrucción religiosa de mi madre y como andábamos, ó más bien ella andaba agarrando la onda de los infaustos Testigos de Jehová –que tanto sufrimiento le ocasionaron para el resto de su vida– La catequesis de los Testigos y los honores a los símbolos patrios no cuadraban, así que yo, en consciencia, no sabía para dónde hacerme. En cambio, la segunda parte de la asamblea me encantaba, pues era cuando los espontáneos subíamos al escenario para cantar, bailar o recitar frente a los compañeros. Feliz de la vida, cantaba aquella del "ranchero alegre que trabajaba de labriego, mayordomo y caporal", un peláo tan jalador como Don Seve, el de la escuelita. A la Nicolás Bravo asistían mi amigo Raúl y su hermana Catalina, aunque a diferentes grupos. Herlindo, mi otro cuate, siendo de la high society igualtequense concurría a la escuela considerada la distinguida, que era la "Herlinda Noséqué". Esa tenía el mejor y más grande edificio, y contaba con las instalaciones más modernas y las muchachas más bonitas, razón por la cual yo deseaba asistir ahí, y no a la Nicolás Bravo, pues a ésta concurría la pura autóctona raza de bronce.

Pero vino el cambio. La construcción de la carretera rebasó el tramo del Puente Papagayo y, por ende, a papá le resultaba más fácil ir a Acapulco, que venir a Iguala. Así pues, nos mudamos al puerto guerrerense, donde no pasé ni por la puerta de una escuela, a pesar de haber vivido ahí más de un año. Y cosa rara, tampoco tomé clases de inglés. Y no me explico por qué. Quizá ya lo hablaba tan bien, que mi padre pensó que ya no necesitaba tomar más clases... I see two!... ¡Pos ay no, tú!

¡Dirán misa, pero nunca dudé de la sabiduría de mi padre! La paradoja de mi educación básica no me afectó; en cambio el tesón que él puso para que hablara inglés, significó la gran diferencia en mi vida, profesional y económicamente...

El nagual

Algunas veces la tememos,
pero equivocádonos hemos,
porque nos ha tocado la suerte
de mofarnos de esa muerte

La muerte es final, pero no definitiva. En varias partes del país y en diferentes épocas me ha tocado presenciar acontecimientos fantásticos o terroríficos, a los cuales no falta quién les busque –y hasta quizá les halle– una explicación racional. Ahora, confrontar hechos macabros siendo un hombre maduro no tiene mayores consecuencias; pero enfrentarlos cuando aún se carece de sensatez, puede arrastrar a una persona joven a la locura. En concreto me refiero a verificar la existencia de los naguales.

–¿Que no crees en los naguales? ¡Ay, hijo, cómo serás nagual!

El puro hecho de usar tal vocablo como adjetivo peyorativo para calificar la tontería o falta de ilustración de una persona, prueba la existencia de los naguales, ya que los aforismos populares se sustentan en la sabiduría del pueblo. Pero aquí nos ocupa otra connotación del vocablo: NAGUAL: m.. Guat y Hond. Animal que una persona tiene como compañero inseparable. (Méx. Brujo). Hechicero que tiene la facultad de trastocar a voluntad su forma física por la de un animal, según sus designios.

Aún así, no falta quién dude de su existencia. En fin, narraré lo que yo vi con estos ojos que los gusanos no se comerán porque cuando ya no los necesite, serán donados de modo que las lombrices se queden con un palmo de narices, si es que las lombrices tienen narices que palmarse.

El hecho inusitado sucedió durante una de aquellas cacerías maratónicas hechas cabalgando cuatro ó cinco días hacia el Estado de Oaxaca o Puebla, partiendo de Tierra Colorada, en la carretera México-Acapulco, donde el guía designado –a quien mi padre apodaba El Barbón por los tres pelos que se dejaba crecer en el mentón– reunía la caballada y todos los elementos necesarios para habilitarnos. Entre el grupo de cazadores convocados en esa ocasión destacaba Rigoberto Mendieta, un joven ingeniero civil. Beto era el pistón que movía a la partida, el que animaba las reuniones vespertinas con sus cuentos subidos de color, y quien embrazaba la guitarra para alegrarnos con sus canciones cuando las "saludes" ya pasaban de punto.

Al oscurecer nos reuníamos para comentar los incidentes del día exagerando –naturalmente– las aventuras corridas, o la dificultad de algunos tiros afortunados, al calor producido tanto por las fogatas como por el fiero ardor del mezcal destilado de las agaves locales por aquellos lares. Una noche, en vista de no haber cobrado una pieza durante las arreadas, Beto resolvió salir a lamparear; pero lo decidió ya tarde. Los otros cazadores se habían ido temprano llevándose a los mejores guías. Sólo quedaba disponible Juvencio, pero el Barbón parecía renuente a utilizar sus servicios.

Desde la cercanía de la hoguera donde me calentaba, vi que Mendieta jalaba al Barbón aparte para cuestionarlo, pero el guía se anduvo por las ramas. Finalmente, confió la verdad: Juvencio era un tanto raro de carácter, y tenía el mal hábito de regresar al campamento al cansarse, haciéndolo en ocasiones sin apercibir al cazador abandonándolo a media noche y a medio monte.

–¡No me importa! Como quiera me lo llevo.

–Güeno, Ingeñero. Namás tenga cuidado de no dejarlo fuera de su vista todo el tiempo, pues –le recomendó el Barbón, añadiendo misterioso–. Ora, si Juvencio se le desaparece de repente, mejor regrésese luego luego, no se vaya a perder por ái, pues; y si en el camino le sale al paso algún animal, tenga cuidado pa'onde tira, no vaya andar Juvencio por ái y me le dé un plomazo.

–¡Ya parece que no voy a distinguir entre Juvencio y un animal! ¡Ni que estuviera pendejo! –refunfuñó Mendieta y se alejó con Juvencio para perderse en la oscuridad del monte guerrerense. Meses después, por boca del propio Beto, nos enteramos de lo sucedido aquella noche. Durante un par de horas él y su guía vagaron por senderos y vericuetos de la serranía sin ver más que unos cuantos conejos desvelados, y las sombras de la noche alargando los perfiles de las palmas bravas hasta transformarlas en fantasmas despabilados. Media hora después, Juvencio comenzó a necear que ya quería regresarse porque estaba cansado y porque, como quiera, esa madrugada no era propicia para la cacería, y no iban a encontrar a qué tirarle.

-Le digo, señor ingeñero, que algún espíritu maligno espantó a los venados, pues; y ora han de andar escondidos por ái en sus gazaperas. Namás oiga cómo cantan de triste los tecolotes, pues...

-¿Y qué tiene que canten, tú? A la mejor andan contentos...

-¡Qué contentos van andar, pues! ¿Y los coyotes? Namás óigalos cómo aúllan en la punta de los cerros... Si hasta las chicharras, pues, namás oiga la escandalera que se cargan.

-¡Ya deja de estar jorobando, y camínale! ¡No nos vamos hasta que mate algo!

Y Mendieta siguió adelante. Pero, tal como el Barbón lo previera...

-¡Juvencio!... ¡Juvencio! ¿Dónde carajos te metiste?

Juvencio no acudió a los gritos del cazador por más que éste se desgañitó llamándolo.

Beto tenía idea del rumbo a seguir para regresar al vivaque. Eso no le preocupaba tanto como irse sin saber si le había ocurrido algo al guía.

De pronto aconteció un hecho insólito. El cielo, minutos antes despejado y claro, instantáneamente se cubrió de nubes que ocultaron la luna dejando el carrascal en absoluta oscuridad. Mendieta sólo veía lo iluminado por el estrecho haz de luz de su lámpara, y lo que éste alumbraba adquiría un tinte grisáceo, mortuorio. Luego, poco a poco, fue notando que la serranía se encerraba en un silencio universal, en el cual sólo escuchaba su propia respiración. Inquieto, echó a caminar por una vereda demasiado estrecha. En aquel mutismo cósmico la arena gruesa —molida por la suela de sus botas— crujía como aplastada bajo el peso de un cíclope, o algún otro ser monstruoso. Beto optó por detenerse. Sentía una presencia extraña. Alguien marchaba a su lado por el sendero, o por la espesura del monte, pero muy cerca de él. Había algo indefinible en el ambiente. Apagó la lámpara y miró alrededor queriendo precisar los contornos de los cerros, o alguna forma física que evidenciara la comparecencia advertida en la inmediación, sólo que en aquella densa oscuridad lo único distinguible era la bóveda celeste combada por estrellas de brillo opalescente. Girando el cuello, sus ojos escudriñaron la lobreguez inmediata lentamente, pero sin temor. Su juventud y la fortaleza de sus convicciones materialistas le protegían de miedos supersticiosos, pero de cualquier modo la acumulación de agüeros aviesos iba socavando su serenidad. Al mover la cabeza a los lados percibió un olor desagradable. Una emanación acre hirió su nariz. Era una fetidez de ácido sulfhídrico, como de huevos putrefactos, que lo nauseó.

Súbitamente saltó hacia atrás asustado. De entre un arbusto había brincado al claro de la vereda un animal que de pronto no identificó. Quiso encender la lámpara, pero el nerviosismo de la anticipación le entorpeció los dedos, y toqueteó el obturador varias veces antes de lograr que el haz de luz cayera sobre lo que reconoció como un animalejo que tenía la forma de un venado, aunque no el tamaño, ni la alzada, ni los cuernos. Más bien parecía la deforme caricatura de un gamo. Mendieta consideró dejarlo ir, pero su instinto de cazador codicioso pudo más y, echándose el rifle a la cara, le apuntó.

Teniéndolo en la mira, alucinó. Como por arte de brujería aquel mázatl se convirtió en una enorme iguana de varias cabezas que arrojaban lumbre por las fauces y, al ser impactado, con celeridad se tornó en un león montés tirando zarpazos. Luego, a medida que Beto oprimía el gatillo, la aparición se convirtió en un descomunal escorpión chicoteando aguijonazos a diestra y siniestra y, finalmente, se transformó en un demonio que le brincó encima. Empanicado, Mendieta retrocedió trastabillando y jalando el gatillo todas las veces que el rifle pudo disparar hasta agotar el cargador...

Pasados unos segundos y despejado el humo de la pólvora quemada en los disparos, el ingeniero se serenó un tanto, y miró en su rededor siguiendo el haz de luz de la lámpara sin hallar ninguna de las visiones antes vistas. Empero, a pocos metros de él estaba aquel venadillo raro al que le apuntara inicialmente, acribillado por tantas balas recibidas. Suspirando hondo para alejar de su mente las tonterías observadas, y satisfecho con aquel remedo de ciervo que había logrado cazar, se lo terció en la espalda y echó a caminar hacia el campamento.

La impresión original fue brutal. El horror de las visiones no impactó el ánimo de Mendieta tanto como lo inesperado de su aparición, por lo que no dejaba de sentirse algo nervioso. No podía jurarlo, pero ahora le parecía que al avanzar por la trocha escuchaba una especie de canto fúnebre confundido con los aullidos de los coyotes y demás ruidos silvestres: el ulular del viento, y el lamento de la fronda de los escasos árboles al ser estremecida por la brisa. La luna se había ocultado, o bien había desaparecido del firmamento. El panorama agreste, desfigurado aún más por lo oscuro de la noche en la que sólo brillaban unas estrellas decoloradas, metía miedo. Pero, y a pesar de los presagios, Rigoberto marchó entre las tinieblas con su presa a cuestas.

Al llegar al campamento suspiró aliviado. Todos los compañeros dormían ya. Empezó por colgar al venadito cabeza abajo atado de manos y patas a las ramas de un huisache. Con su cuchillo de monte le abrió la yugular para recoger la sangre en un traste, pero el chorro brotó con más presión que la anticipada y le bañó la frente. Recogió entonces lo que pudo del viscoso fluido todavía tibio en la cacerola y, un poco asqueado, se acercó al barril donde había agua de uso. Abrió el grifo de madera y se enjuagó la cara. Enseguida le rasgó la panza al venadillo y le extrajo las vísceras; las limpió, las lavó con agua, y dejó listo al gamo para ser desollado por la mañana, cuando los guías tasajearían la carne maciza. La lumbre en la fogata estaba perfecta para guisar, así que coció las tripas en una cacerola. Enseguida las frió en una sartén con bastante ajo y rebanadas de cebolla y, recalentándose unas tortillas, se comió varios tacos que apreció exquisitos. ¡Lástima que los demás estuvieran ya dormidos! No sabían de lo que se estaban perdiendo. Bien entrada ya la madrugada se fue a dormir pero, apenas despuntando el sol, el Barbón lo sacudió:

-¡Ingeñero, Ingeñero! ¡Despiértese!

-¿Quiubo, qué es?
-¿Pos qué le pasó anoche con Juvencio, Ingeñero?
-¿Por qué? ¿No ha regresado todavía?
-¡Pos nomás venga conmigo, Ingeñero!...

Mendieta se calzó las botas y siguió al Barbón hasta la hoguera que aún humeaba.

–¡Mire nomás al pobre Juvencio, Ingeñero! –exclamó el Barbón señalando hacia el huisache donde Mendieta colgara al venadito, ahora convertido en marco de un cuadro brutalmente aterrador. De sus ramas, dobladas por el peso, pendía cabeza abajo el cuerpo de Juvencio atado de pies y manos, con el estómago abierto y la cavidad torácica vacía de entrañas. Alrededor de una fea herida que laceraba su cuello tenía escurrida sangre coagulada ya, y mostraba la cabeza y el pecho agujerados a balazos.

–¡Juvencio era nagual, Ingeñero, por eso no quería que se lo llevara de noche!...

Pensar que había matado al guía no le causó a Mendieta tanto efecto como el recordar que se había comido sus intestinos. De inmediato le acometió una náusea violenta. Perdió la razón temporalmente. Pasaron seis meses antes de que razonara con cordura suficiente para narrar los detalles de su aterradora tribulación y tal vez nunca recuperó completamente sus facultades mentales. Por ser yo niño todavía, mi padre no me permitió ver a Juvencio atado de pies y manos al huisache, pero sí vi cuando los guías subieron su cuerpo a un caballo para llevarlo de regreso a Tierra Colorada.

¿Qué fue aquel desafortunado incidente? ¿Percance? ¿Crimen? El hecho se denunció ante la autoridad como muerte accidental sucedida durante la cacería, y ahí quedó todo. No hubo delito que perseguir. O más bien, no hubo a quién perseguir por aquel delito... si es que aquel fue un delito...

¿O fue Juvencio de verdad un nagual?...

Un niño solitario

"Más vale solo que mal acompañado"...
A este refrán una lágrima ha empañado
cuando el tiempo, en su dolosa maldad,
hiende un resquicio a la más triste soledad.

Como pue'que sí, pue'que no; lo más probable es que quién sabe. Nunca, jamás en mi vida me he sentido solo, a pesar de haber vivido largas temporadas sin compañía. Ni femenina, ni masculina, ni de mascotas siquiera. Hay gente, ¡Uh! Conozco muchísima que disimula su soledad compartiéndola con un gato, o un perro. Pero a mí, las mascotas nunca me hicieron falta. ¿Saben qué animal tuve una vez en Iguala? ¡Un jabalí! Chiquito, claro, pero me deshice de él porque creció y un día mordió a Moisés en "salva sea la parte."

Quizá piensen que ahora, por convivir con mis criaturas ficticias, no me hace falta más comitiva. Pero no lo considero así. A los personajes de mis escritos les doy vida, los hago ricos, los hago pobres, los enfermo, los sano, es otro plan. Eso más bien me da, como escritor, la impresión de ser una entelequia omnipotente que rige los destinos de muchos seres. Y así es. Pero tal habilidad produce placer, la satisfacción de crear... de compensar a los buenos y destruir a los malos, pero ni alivia ni agrava la soledad en que se vive ocasionalmente...

Mi vida social prácticamente nunca ha existido. En realidad, jamás he tenido amigos. En ningún tiempo los he necesitado. Claro, tengo conocidos, condiscípulos, amistades de café, compañeros de trabajo, colegas profesionales, discípulos y aprendices de varias disciplinas, mucha gente que me estima y hasta puede ser que me quiera bien por simpatía, por agradecimiento o por alguna otra razón descabellada, pero considerado como amigo del alma, quizá sólo he tenido a Raúl. En Iguala, Guerrero, tenía varios amigos; y sin embargo, en muchas ocasiones jugaba solo. Me aislaba. En un espacio vacío, resguardado por un cobertizo, proyectaba y trazaba carreteras a escala y, con los camiones de volteo y maquinaria de construcción de juguete que tenía, las construía como se hacían en la realidad cotidiana de mi padre. Ejecutaba el trazo, de cinco o seis metros de longitud por lo menos, luego metía la pequeña conformadora, emparejaba la base, arrimaba material para tender la carpeta de revestimiento utilizando los pequeños camiones; luego arremetía nuevamente con la conformadora para distribuir y emparejar la superficie, enseguida pasaba la aplanadora para impactar y solidificar la superficie para después, dependiendo de cómo anduvieran mis finanzas, pavimentar o tender concreto como carpeta final. Fabricaba el pavimento con chapopote y arena, y el hormigón con cemento y arena. Por último señalizaba el camino, adornaba sus acotamientos con tierra colorada y declaraba inaugurada la nueva carretera. Para ésto, ya había jugado tres o cuatro semanas en ese mismo lugar. Yo solo.

En la azotea del edificio de apartamentos propiedad de papá en la Ciudad de México había un cuarto de triques hecho de madera. Eran tantos los cachivaches ahí almacenados que, cuando mi imaginación terminó de acomodarlos, el cuchitril se había transformado en una nave interplanetaria en la cual Flash Górdon (ó séase yo), se transportaba hasta el planeta Mongo para acabar con el villano Emperador Ming y sus secuaces.
Siendo tan grande el D.F., ahí tuve un solo amigo. Lo conocí poco antes de ingresar a la Escuela Inglesa para Niños. Vivía en una elegante privada situada en Chopo 26, con su papá y su mamá. Se llamaba Jorge. Era más bien chaparrito, de constitución maciza, con cara de luna llena, llena de pecas, y peinado de "lamida de vaca". Al verlo, por su color chapeadito podía juzgarse que era la pura salud, pero el pobre Jorgito estaba muy enfermo. Sus padres, que ya eran mayores y por ello sospecho que eran adoptivos, en un par de ocasiones me advirtieron que evitara ser brusco con él porque tenía débil su corazón. Un día fuimos a Chapultepéc y se nos ocurrió subir a la Rueda de la Fortuna. En cuanto trepamos a la parte más alta, por poco se me muere ahí mismo del susto que se llevó. Tuve que meterle sus pastillas de nitroglicerina a la boca y gritar como loco para que el operador nos bajara inmediatamente.

Días después llegué temprano a la puerta de su apartamento a buscarlo. Salió su papá. Me miró y, limpiándose una lágrima me dijo:

–Pasa... Ven a despedirte de tu amiguito, que ya se nos fue al cielo...

Estaba en su cama, tal como había amanecido. En pijama, acostado boca arriba, con el brazo derecho doblado debajo de la almohada, sus ojos cerrados, su expresión apacible, dulce... sus labios levemente distendidos, como si sonriera... No sufrió, ni siquiera se dio cuenta de cómo dejaba a sus padres en un desolador abandono. Simplemente se fue... sin despedirse.

Dos o tres días después el señor vino a mi casa para entregarme un rifle de municiones que había sido de Jorge...

–Toma, hijito. Tú todavía puedes jugar con él.

Con ese rifle exterminé al Emperador Ming y a todo su ejército de malosos... yo solo... sin ayuda de nadie... sin compañía de nadie... Tras tantos cambios de residencia, no sé dónde quedó finalmente aquel riflito de aire. ¡Qué pena no haberlo cuidado mejor!...

El "vitrinas"

Antes de aquel combate, díjole al chavo el viejo soldado:
–O'verás cómo el humo d'esta yerbita te quita lo cansado,
te quita l'ambre, las penas, el miedo y la cursería,
pero, sobre todo, o'verás cómo te afina la puntería.
¡O'verás...! ¡O'verás...!

Papá tenía 6 camiones de volteo; bueno, a veces 7, en ocasiones 5, dependiendo del personal de chóferes que utilizara en determinado momento, porque los había agresivos, atrabancados, bruscos, descuidados, impulsivos, rabiosos, toscos ó zafios... ¿Cuidadosos? ¿Precavidos? ¿Considerados?... ¿'ónde había de esos?

Nunca supe qué clasificación alcanzaría "El Vitrinas", pero a mí me caía rebién por lo contento que me tenía todo el tiempo narrándome unas historias fabulosas. Alguien le endilgó aquel remoquete por los pequeños lentes cuadrados que usaba, con los que se adelantó por décadas al Paul MacArtney de los Beattles. Al "Vitrinas" le gustaba que lo acompañara en el camión que manejaba porque así ensayaba conmigo los cuentos e historias que concebía para entretener a los demás chóferes cuando, por las noches, se reunían a platicar alrededor de una hoguera tomando café y, de vez en vez, algo más fuerte – siempre que los patrones no se enteraran.

"El Vitrinas" era correlón. De todos los chóferes de mi padre, era tal vez el que más corría en su camión y, por ende, el que más viajes echaba en un día de trabajo; y eso sin contar los que eran de puro "tenedor", o séanse los que el checador marcaba de más en su tarjeta. Permítaseme la explicación: apuntarse viajes que no se hacían era la manera que tenían los camioneros de obtener una utilidad adicional que les compensase el financiar al Gobierno cuando trabajaban sin cobrar por mucho tiempo. Cada vez que un camión era cargado de material por los peones y se iba a tirar al tramo de carretera que correspondía, un individuo designado checador marcaba la tarjeta en que se anotaba la cuenta de los viajes, haciéndole un agujerito con una perforadora. Con ello se significaba que se había hecho "un viaje". Aquella tarjeta se totalizaba al final del día y era firmaba por el checador. Cada diez días la tarjeta se entregaba al sobrestante encargado de ese tramo de la obra, para cobrar el trabajo rendido cuando nuestro católico gobierno tuviera a bien pagar, ya que eso sucedía cada vez que Dios quería. Para el checador, la fullería también resultaba ventajosa porque se llevaba un 30% de lo cobrado por cada viaje "trinchado".

La razón por la que "El Vitrinas" corría tanto, creo yo, era porque siempre andaba "acelerado". No sé qué otras drogas consumiría, si es que ingería de otras, pero lo que nunca le faltaba era una buena rama de marihuana. Desde que lo veían aproximarse, con la cabina del camión despidiendo humo, peones y choferes le hacían guasa gritándole:

—¡Vayan arrimando baldes, botes, cubos, cubetas y hasta un tambo, que'l camión del "Vitrinas" se viene quemando!... ¡Ah, cómo huele a petate quemáo, a café tostáo, ó a chícharo chamuscáo!... ¡Ay, Mari, Mari, Mari Juanita, dácame un beso con esa trompa bonita!

Una tarde, mientras los peones cargaban su camión, "El Vitrinas" y yo descansábamos bajo la sombra de un fresno. Él, como de costumbre, elucubraba haciéndome un fantástico cuento de aparecidos en el que castillos, camposantos, caballeros andantes y calaveras, se mezclaban en un alegre aquelarre. En cierto momento no pude contenerme y le pregunté si veía todo lo que contaba, o cómo le hacía para imaginárselo. Su contestación fue rápida y directa:

—¡Lo veo todo en mi imaginación!

Deslumbrado por la respuesta, inquirí cómo podía yo hacer eso, porque también quería contemplar las cosas maravillosas que él narraba.

—¡Ah! Eso es bien sencillo, mira. Todo lo que tienes que hacer es darle unas buenas chupadas a un carrujito de estos – dijo, refiriéndose al cigarro que fumaba, y me demostró cómo hacerlo.

Presuroso, me llevé el babeado cigarrillo a los labios y lo chupé con fuerza. El humo que aspiré me resultó desagradable. Me supo amargo, más que amargo agrio, más que agrio acre, más que acre ácido, y más que ácido tan acerbo que en el acto me produjo náusea y vómito; gargantadas que no pararon en dos días. Corrí al lado de mi padre quien, al verme regurgitando de tal manera, se asustó y no sabía qué hacer. Estábamos en pleno Cañón del Zopilote, a 76 kilómetros del médico más cercano. Fue la señora que preparaba la comida quien le dio a mi padre la pauta a seguir.

–No se preocupe, señor. Lo que'l niño tiene es que chupó mariguana. De que siga gomitando hoy y mañana, no pasa. Dele de beber muncha agua y acuéstelo pa'que descanse.

En cuanto papá oyó la palabra marihuana, al punto supo quién me la había dado y, acto continuo, fue a buscar al inficionador para propinarle soberana paliza. De no haberlo sujetado varias gentes –a despecho de su carácter apacible– tal vez ahí habría matado a golpes al descomedido "Vitrinas".

Yo me alivié dos o tres días después; sin embargo, hasta el día de hoy cuando por casualidad olfateó en alguna parte el peculiar aroma del humo del cannabis índico, me provoca náusea. "El Vitrinas" sanó de sus contusiones, equimosis y una descalabrada y, perdonándolo, poco después mi padre le devolvió su trabajo. De no haberlo recontratado, papá hubiese seguido teniendo 7 camiones en esa época, ya que en una carrera contra un chofer del Sr. Samperio, "El Vitrinas" perdió el control en una curva y cayó al fondo de una profunda barranca. ¿El camión?... Pérdida total... sin seguro, claro. ¿Quién podía pagar primas de seguros entonces? O la mejor por aquel tiempo todavía ni se inventaban los seguros vehiculares...

Contrariamente al suceder usual "El Vitrinas" murió en el accidente, pero no por éso dejó de portarse de manera singular. No teniendo parientes a la mano que reclamaran su cadáver, papá lo trasladó a Iguala donde se le veló en nuestra casa y, posteriormente, se le sepultó en el cementerio civil de la población. El hecho insólito en que participó ocurrió la noche de su velorio. Una vez que las piadosas señoras del barrio terminaron de rezarle su rosario, y el café con piquete se acabó simultáneamente con el repertorio de chistes colorados que contaban sus amigos y compañeros, el cuerpo quedó solo en un ataúd de pino colocado en el corredor que miraba al patio. Mi plática acerca de las historias que en vida narraba "El Vitrinas" despertó la curiosidad de mis amigos, sobre todo la de Herlindo, "El Güero Chilaquiles", quien expresó gran deseo de conocer al cuentero en persona. Con el temor supersticioso propio de nuestra edad, salimos de la casa para aventurarnos por el lóbrego corredor. Al fondo se distinguía en silueta el perfil del féretro, el cual parecía alargarse o encogerse fantasmalmente cuando algún carro acertaba a pasar por la calle alumbrando el ambiente con la luz de sus farolas. Envalentonados porque éramos cinco: Herlindo, Raúl, Vicente, Moisés y yo, unos empujándonos a los otros, llegamos hasta la vera de la caja que, obviamente, estaba cerrada.

—¿Quién la abre? —preguntó de entre nosotros una voz medrosa.

—Pos el que quería verlo, ¿no? —contestó otra.

Comprometido por estar quedando su valor en entredicho —y además por ser el mayor de nosotros— "El Güero Chilaquiles" alzó una mano tembliz y lentamente fue levantando la tapa del cajón. De inmediato el naciente hedor a cuerpo corrupto, filtrándose entre el olor del formol, nos hirió el olfato.

—¡Ughhh, qué feo apesta! ¡Ciérrale ya, Güero! —protestó alguien y, precisamente cuando Herlindo levantaba la mano para bajar la cubierta del ataúd, "El Vitrinas" infló los cachetes, abrió la boca y arrojó un eructo más sonoro que el tradicional rugir del cañón, con lo cual todos salimos corriendo despavoridos; sólo que "El Güero Chilaquiles" lo hizo hacia adelante, sin ver que enfrente tenía el féretro. Impulsado por el brusco empellón, el ataúd resbaló de su base y el pobre "Vitrinas" fue a dar con sus exánimes huesos al suelo, para rodar por el corredor.

Temprano al día siguiente, mi padre lo encontró en decúbito lateral sobre el hipocondrio izquierdo contra un rincón de la arcada y, sacudiendo la cabeza, murmuró distraído:

—¡Diantre de hombre! Ni de muerto se le quita lo inquieto...

Deleites epicúreos

No hay manjar más exquisito que
el condimentado por la imaginación,
pues para satisfacer el diente
sólo requiere de un ingrediente:
sazonar su elucubración...

Empero, para mí no hay manjar más regio que el pan. El pan hecho con harina de trigo, no vaya algún erudito a pensar que aludo a Pan, el dios pastoril piernas de chivo hijo de Hermes y la ninfa Driope, o bien al PAN Albiazul que pregona cambio sin aclarar si habla de cambio cambio, cambio de: "me debes el cambio", o cambio de parientes incómodos.

Con pan, del otro, se me puede corromper, envenenar, inficionar, o pervertir... No obstante, cuando lo como ahora me causa agruras y, para colmo, engordo. Pero no siempre fue así. Cuando vivía en Iguala era un escuálido claconete de 6 a 10 años de edad que pesaba cuando mucho 35 kilos y que, como los marranos corrientes, no engordaba por más grano que me echaran.

De mi casa a la esquina situada al oriente la distancia era de unos 100 metros, y para caminar esa distancia –con el calorón que hacía en Iguala– traer un mandado requería un esfuerzo mayor. En cambio, para ir a traer el pan de la merienda, corto, cortitito se me hacía el camino.

La panadería quedaba a la vuelta de la esquina donde había un tendejón (suena feo, pero así los llaman correctamente los yucatecos). Contigua corría una barda de adobe un tanto derruida, y para entrar a la tahona no existía cancela, ni portón, ni pórtico, y es que, en realidad, aquella era una panificadora u obrador de pan. Entrabas siguiendo el aroma de pan recién horneado. ¿La hora? Las 5 PM. ¿Estación? Un invierno con temperaturas promedio de 22° centígrados que, para quienes vivíamos en aquel báratro, era casi frío. El viento suave y fresco jugueteaba con el efluvio del bodigo, y tiraba de la nariz apremiando la entrada en aquel recinto en el que la sanidad era el menos importante de los requisitos, pues consistía de una pared al fondo donde se recargaban los anaqueles para sostener las hogazas ya horneadas, un entarimado sobre el piso de tierra, y un techo de vigas, paja y tejas a medio derrumbar que apenas protegía al horno de la lluvia en el verano/otoño, y medio resguardaba del sol a los horneros mientras amasaban, cortaban y daban forma a los riquísimos cuernos o trenzas de manteca, a las roscas, conchas, ojos de Pancha, volcanes, orejas enmeladas, apasteladas, chilindrinas, hojaldras, condes, alamares, duques, campechanas, teleras, condes, polvorones, corbatas y, desde luego a los bolillos, que calientitos sabían a gloria. La hornaza de barro era esférica y tenía dos puertas: una inferior para alimentarle leña de mesquite y otra superior por donde los menestrales metían el pan crudo con aquellas espátulas largas, o lo sacaban ya cocido... Lo recuerdo todo: el crepitar de la leña escaldando el horno... los gritos de los panaderos... el palmotear de sus manos y antebrazos contra la masa dúctil... sus cantos, sus risas... el brillo del sudor en sus frentes, pechos, espaldas y rotundas panzas... y la brisa soplando entre el ramaje del arbolón que crecía detrás del horno... y recuerdo mis pasos, taimados como los de una zorra que asedia el árbol donde duermen las gallinas acercándome despacio, canasta en ristre, a los anaqueles donde se oreaba la bizcochada despidiendo aquel efluvio a masa recién cocida, caliente todavía, jugosa, con sus costras de unto relucientes; y la repostería de lujo, aquellas piezas opulentas que costaban un diez más que las otras porque se les añadía nata en su confección. No había tenazas, las cogías con los dedos y de ahí a la canasta. ¡Cuidado, no te quemes! ¡No desbarates la corteza de dulce y manteca de las conchas! ¡No apachurres las apasteladas, ni las banderillas, y mucho menos las campechanas! ¡Trátalas con cariño! De los dedos a los labios anhelantes, y de ahí al gañote que engulle codicioso...

—¡Muchacho, no comas el pan caliente porque te empachas!

Advertencia infructuosa. En el puro deambular a casa, la canasta del pan mermaba buena parte del peso con que salía de la tahona. Ahora que, ir al changarro anexo a la panadería, también me era placentero. Revisitándolo en mi memoria veo desde la entrada, a mi izquierda, un anaquel en el que había... ¿qué?... galletas de animalitos vendidas a granel. Refrescos embotellados. Cigarros Delicados, Alas, Faros y Tigres, también expendidos sueltos y, cosa curiosa, el mostrador para despachar era una mesa de concreto, imitación de mármol, que hubiese estado más a tono en un expendio de lácteos. De varios mecates atados a clavos incrustados en las paredes pendían tiras de chorizo embutido en tripa natural amarrada para configurar bolitas que lo diferenciaban de la longaniza, embutida en tripa continua sin separación. La longaniza, que era el deleite por el cual concurría al tendajo aquel, se vendía por jemes y por cuartas; medidas que atañían a la mano de la propietaria del tlalchichol. Un dedo ó jeme de longaniza, quince centavos; una cuarta, una peseta...

¿Podía alguien vivir de las paupérrimas ganancias generadas por aquellos negocios, que no lo eran en realidad? ¿O de verdad era tan barata la vida en esa época? Aquellos pormenores no me preocupaban entonces. Lo que me incumbía era que vendían aquellos deleites epicúreos que yo disfrutaba tanto. Egoísmo propio de un pubescente en desarrollo, tal vez.

Pero en realidad el pan no era lo que más me gustaba entonces. Estaba olvidándome, ingratamente, de algo más suculento aún: los mamones de Ruperta... Para no hacer que la imaginación divague hacia lo sicalíptico, aclaro que el mamón es un panqué que devoraba con una gran taza de chocolate de metate, del confeccionado por la abuela de Ruperta; pero más que zamparme un mamón, me fascinaba ver cómo lo preparaba Ruperta...

Ruperta, válgale lo feo del nombre por el pimpollo que era, debe haber tenido unos 15 años entonces, y vivía en la otra esquina de mi casa. Su madre no era deslucida y, de arreglarse un poco, quizá hasta hubiese sido atractiva, porque tampoco era vieja. Su padre, en cambio, era viejo, feo, guarro, y borrachín. Que no era el papá de Ruperta, todo el barrio lo sospechaba. Pero en fin, Ruperta preparaba sus mamones a la sombra de un gran árbol de mango que crecía en el patio de su casa. Antes de comenzar su tarea se arrimaba todos los ingredientes y trastes necesarios para no tener que levantarse por ellos una vez que comenzaba. A pesar de haber rebasado apenas los 11 años, mi incipiente libido me compelía a notar que, al hincarse Ruperta sobre una estera de yute para trabajar, la falda de su vestidito de algodón se le repechaba hasta arriba de media pierna y que, al inclinarse sobre el cajón que utilizaba como soporte para amasar, su amplio escote se abría generoso y desenfadado. Para elaborar sus mamones, Ruperta ponía una porción de harina en su mano para tamizarla entre las yemas de sus dedos con suavidad de caricia, y enseguida la espolvoreaba sobre la madera para mezclarle la mantequilla y un poco de nata, dándole con ésta un gusto exótico. Luego, con la delicadeza de un arrumaco, le agregaba leche agria vaciándola de la jarra a la palma de su mano para cernerle los grumos, comunicándole así la delicia con que sus dedos la manejaban. La levadura amarilla, al injerirse con la harina blanca, formaba una masa de color carnadura que incrementaba la delicadeza de la mezcla. La inclusión de los huevos cobrizos acentuaba su suavidad y la miel dorada enriquecía su sensualidad. Agregarle las pasas o los piñones rosados únicamente acrecía el regosto hacia aquellos panqués. En verdad, no había en todo el mercado de Iguala mamones que pudieran compararse con los de Ruperta...

Ahora que, observar a su abuela elaborando el chocolate de metate también resultaba un deleite, aunque éste sí decididamente epicúreo. La anciana, mostrando siempre sus desdentadas encías, colocaba en la yacija de su metate los ingredientes necesarios para elaborar el invento de los aztecas, y los molía con la mano del metate, o kabtún, como la llaman los mayas. Primero machacaba un puñito de cacao tostado; luego, le iba añadiendo cacahuates, azúcar morena, rajas de canela y ramas de vainilla, un pellizco de manteca de cerdo para darle cremosidad a la masa y, a medida que majaba, yo le apilaba enfrente 10 monedas de a cinco centavos, que era lo que cobraba por 5 de aquellos cilindros que enrollaba con sus dedos al terminar la mixtura de ingredientes. De los 5 rollos de chocolate, dos los compartía con Ruperta ahí mismo, acurrucados muy juntitos al pie del mango; dos más eran para confeccionar la merienda de mamá y mía (papá no podía comer dulce), y el último para embuchármelo antes de dormir, garantizándome así "dulces sueños"...

El que a hierro mata, a hierro debe morir

Acero que cobra una vida
no importa de dónde venga,
ni incumbe la forma que tenga.
Venga de donde venga,
mata, cuando otra vida venga.

    El asunto era serio, muy serio, pero parecía que a nadie le inquietara. Era algo que sucedía prácticamente a diario, habituando a los igualtequences a tal grado que ya a nadie le importaba excepto a los directamente involucrados en la situación. Oye, pero que aconteciera a plena luz del mediodía, en el mero centro, bajo los tamarindos de la Plaza Principal, a las puertas del Palacio Municipal, en una mesa de la nevería del Griego, frente a las barbas de la policía, ¡era el colmo!
    Tengo las horrendas imágenes indelebles en mi mente. Estaba, como de costumbre, sentado en mi banca anexa al quiosco de periódicos y revistas de Herme, ensimismado en las aventuras de la pandilla narradas en el Chamaco, cuando llamó mi atención una discusión proveniente de la nevería del Griego...
    Con la distracción propia de mi edad (ya desde entonces la padecía), había escuchado a mis mayores comentar que el problema latente en Guerrero era el machismo prevaleciente. Era ese afán desproporcionado de cumplir una vendetta al estilo mediterráneo, costumbre aún hoy practicada en Córcega y otras ínsulas del mar Tirreno que obliga a los miembros de una familia a vengar, sin intervención de la justicia, la muerte u ofensa inferidas a un allegado. Pero en Iguala se la bañaban, como dicen los güercos hoy día, porque ocasionalmente -cuando los miembros hábiles de una familia se exterminaban- hasta las abuelas intervenían y acababan matándose también. O séase que, en aquel lugar y momento, la vida efectivamente no valía nada.

Las palabras altisonantes y altosignificativas, por referirse a la progenie de quienes las intercambiaban, eran emitidas por un hombre joven que, sentado a una mesa de la nevería del Griego, se acompañaba de 3 amigos. Su desapacible interlocutor, un hombre bastante maduro, estaba de pies frente a él reclamándole su comportamiento para con una hija suya. La discusión escaló (como dicen ahora los descendientes de la Chinaca, hermana de la Malinche, acerca de los pequeños conflictos en que, al intervenir ellos, se convierten en brillantes negocios bélicos tales como: Vietnam, Corea, Panamá, Grenada, Golfo Pérsico, Kosovo, Timor Oriental, etc.) decía, escaló de palabras fuertes a un cachetazo que el de pies propinó al sentado, quien no lo tomó sentado sino que, con un solo y raudo movimiento, sacó una charrasca melonera de su cintura y de un tajante tajo le tajó el estómago a su agresor quien, sorprendido, se miró la hemorragia que de inmediato le impregnó la camisa, el pantalón y seguramente hasta los calzones, y veloz se fue corriendo. El experto mondonguero limpió su curvada navaja con una servilleta de papel que tiró a un lado, y continuó charlando con sus amigos, quienes lo felicitaban efusivamente por su hombrada. Aparte de yo, digo de mí, creo que nadie más se percató de lo ocurrido, excepto los involucrados. Todo sucedió tan rápido que no hubo oportunidad de que nadie más interviniera. A la puerta de la Presidencia Municipal dos gendarmes se fumaban muy a gusto un cigarrito, en tanto que el vulnerador de derechos humanos y sus cuates seguían platicando tan tranquilos como si nada hubiese acaecido. ¿Y el Griego? Bien, gracias. El no se metía para nada, con nadie. Yo estaba pasmado, a punto de preguntarle a Herme si no había visto lo sucedido, cuando llegó corriendo el herido. Ya no sangraba, pero en cambio sostenía con el brazo izquierdo parte de sus intestinos expuestos: el yeyuno y el ileón, el páncreas, el colon, el ciego y hasta el tuerto, que le brotaban por la sajadura que dividía su panza en dos mitades. Ver aquel horror y nausearme a punto de vomitar sobre el Chamaco que leía los blanquillos almorzados, fue todo uno; pero ahora tenía enfrente al herido quien, en la mano útil, sostenía una pavorosa Smith & Wesson .38 Super apuntada en mi dirección general. vi el fogonazo del disparo, vi el fuego saliendo por su cañón, vi el humo, vi la bala... bueno, tal vez no vi la bala pero sí escuché los demás disparos. Tres que impactaron al heridor en la cabeza, y tres más que doblaron alternadamente a sus tres amigos, quienes cesaron de reír para revolcarse en el suelo, a un paso de donde el herido cayó tratando todavía de regresar sus vísceras a donde correspondían. No recuerdo que más sucedió. Quizá me desmayé, tal vez no, yo conocía de cerca el rostro de la muerte y ésta no me asustaba; también estaba acostumbrado a los disparos, aunque no habituado a que los hicieran en mi dirección.

Lo que sí recuerdo, como si las tuviera frente a mí en este momento, son las efigies de Clarabella y su hermano Ricardín, a quien apodábamos Cabeza de Melón por tener esa deformidad en la que el cráneo se alarga por la frente y la nuca, dándole a la testa el aspecto de un balón de football americano. Clara tendría 9 años, Ricardo 10, y los dos eran gente blanca. Me refiero a que, aparte de ser rubiecitos de ojos claros, apenas habían sido desempacados del D.F. unos meses atrás, y todavía no adquirían el color bronceado (renegrido) que lucíamos los que teníamos tiempo de vivir en Guerrero. No sé, francamente no recuerdo si estaba enamorado de Clara, pero sí viene a mi memoria, clarísimo, el hecho de que, no gustándome jugar con las niñas -Martha, la hermana de Herlindo, me atosigaba constantemente- con Clara me la pasaba retozando todo el tiempo frente a mi casa, en su residencia, que tenía un jardín muy agradable donde preparaba la comidita con Clara y jugaba "al doctor" y a otras diabluras muy edificantes y familiares. Recuerdo a sus padres. Él, Ricardo Calderón, un hombre muy formal, alto, fuerte y bien parecido; ella, la Sra. Calderón, una mujer esbelta y muy bonita. Él tenía una hermana menor, cuyas facciones no acabo de enfocar, pero que debe haber andado en sus últimos 20's. Ya no era ninguna jovenzuela, y su soltería tal vez se debiera a que su hermano la celaba constantemente y no le permitía tener novios. Había, sin embargo, -ésto lo supimos después- un pretendiente desairado. Una noche, de esas en que el calor no permite conciliar el sueño, irrita y pone en conflagración los corazones, el cortejador aquel llegó a la casa de enfrente, se metió, se enfrascó en una discusión con el señor Calderón acerca de la solterona, de sus intenciones y demás, y de pronto el vecindario se sacudió al estallido de varios disparos. ¿Cuántos? ¡Sepa Dios! El enamorado salió corriendo, llevándose a rastras a la inmaculada. En el piso de la sala quedaban, remojándose en su propia sangre, los cuerpos del señor y la señora Calderón. Sobre ellos Clarabella y Ricardín lloraban su orfandad. ¿Y el asesino?... Bien, gracias. Gozando su luna de miel.

Pero en eso llegó a la plaza, como jefe militar de ella, el Coronel Abundio González. Yo no tuve oportunidad de conocerlo pero, más tarde en el D.F., dos de sus hijos fueron mis condiscípulos en la Escuela Inglesa para Niños. El coronel, graduado del Colegio Militar y diplomado de Estado Mayor, participó en la Revolución desde su inicio. Frisaba ya en los 40 años, era un hombre educado e hijo de buenas familias que si no había llegado a generalazo quizá se debiera a su carácter bronco y claridoso, ya que no se dejaba mangonear ni le barbeaba a nadie. Había peleado al lado de Félix Díaz, de Huerta, de Obregón, de de la Huerta, de Amaro y de Cárdenas. Siempre leal al Ejército Federal, González era un soldado hecho y derecho.

A los pocos días de estar en Iguala, se dio cuenta de lo que ahí sucedía, y de la poca actividad policial de la autoridad civil. Al entrevistarse con el munícipe en turno, éste le dijo que aquella situación era normal.

-Es el carácter de la gente, ¿qué podemos hacer? Nunca van a entender que no deben matar -dijo compungido.

-¿Ah, no? -preguntó el coronel. -Dígame, señor Alcalde, ¿cuántos asesinos confesos tiene usted en la cárcel en este momento?

-¿Confesos?

-Sí, sí. Que no haya duda que fueron ellos los que mataron a alguien...

-Bueno, de esos tenemos seis...

-Muy bien. Hoy en la noche le mandaré un piquete de soldados y me hace usted favor de entregarles tres de esos seis hombres...

-¿Entregarles? ¿Cómo? ¿Para qué?... Óigame, no. Nada de Ley Fuga, mi señor. Aquí la autoridad soy yo. Ya no estamos en tiempos de la bola, cuando...

-Mire, Alcalde. O me los entrega por la buena, o mis soldados los sacan de la cárcel a balazos...

-Bueno, siendo así- debe haber dicho el munícipe, porque esa noche los soldados recogieron a tres matones que, al día siguiente, amanecieron colgados de sendos árboles. Uno a la entrada de México, otro a la salida hacia Acapulco y el tercero en la estación del ferrocarril, todos con un letrero cosido al pecho que rezaba: POR ASESINO.

Tres veces utilizó este recurso el coronel en el plazo de un mes, y ¿sabes qué? Que con el cobro de 9 vidas acanalladas, en los tres años que el Coronel Abundio González vivió en Iguala, en vez de ocurrir un asesinato cada tercer día, el número disminuyó a uno cada cuatro meses. Y luego hay perendengues por ahí preocupados por los derechos humanos de los criminales, que alegan que la pena de muerte no disuade a los maleantes de cometer crímenes. Que les pregunten a los que en aquella época, cuando "la vida no valía nada", vieron columpiarse a sus contlapaches de la rama de un árbol...

La buhonería

Alelado, un niño en la vidriera
apreciaba el anhelado juguete,
urgiéndole al papá la compra
con su mirada inocente.
Algún día lo tendrás, mi'jo...
(hoy ni pa'tortillas me alcanza)

    Esta miscelánea... que tal vez era más bien un estanquillo, o séase una tienda pequeña con apariencia de... ¿tlapalería?... no, de tlapalería no porque en las tlapalerías se expenden artículos propios para la construcción, o adecuación de instalaciones sanitarias o eléctricas, y en aquel comercio no había nada de eso. Quizá... ¡ándale, sí! ¡Buhonería! Según el diccionario que utilizo: Gran Diccionario Enciclopédico Visual, editado en Colombia (tomado de la recámara de mi nieto Esteban en una ocasión, y olvidado de devolverlo), dice: BUHONERÍA. f. Tienda portátil con baratijas como botones, agujas, cintas. Y eso es lo que aquel negocio era, en realidad. Una construcción portátil de madera, con estantes y escaparates repletos de géneros de bonetería... no, un momento, bonetería es un galicismo utilizado en vez de mercería, o séase que lo que ahí se expendía eran artículos de mercería; aunque también vendían juguetes –ahí obtenía Herlindo, el "Güero Chilaquiles," aquellos soldados de lámina con uniforme alemán del Tercer Reich que tanto le gustaban por ser germanófilo exaltado– y tenían también útiles escolares e instrumentos musicales pequeños como armónicas u órganos de boca, tijeras El Arbolito, cortaplumas, navajas suizas Victorinox y finísimos cuchillos de cocina Solingen, y de monte Wild Boar.

    El pequeño aparador donde se exhibían las navajas, los cuchillos y las armónicas, ejercía sobre mí una fascinación especial. Siempre quise tener una de aquellas auténticas navajas del ejército suizo con un sinnúmero de hojas en forma de cuchillas, desarmadores, abrelatas, tirabuzones, ponchalatas, lentes de aumento, tijeras, limas y quién sabe cuántos utensilios más. Mi deseo se realizó hace unos seis o siete años al regalarme mi yerno Esteban una de las que obsequiaba como publicidad de su negocio, sólo para que un desgraciado ratero que se metió en mi casa se la llevara; empero, el año pasado mi hija me la repuso trayéndome otra directamente de Suiza, con mi nombre grabado en letras blancas. ¡Una preciosidad! No me la quito del cinturón. Va conmigo a todas partes; y pasa furtivamente por los detectores de metales que tienen en los aeropuertos. ¡Nunca me la han detectado! ¡Qué tal si fuera terrorista!...

Ahora, ese regodeo resultaba natural por mi afición a la cacería, pero ¿por qué admiraba también las armónicas? No lo sé. Me gusta cantar, pero nunca fui muy aficionado a interpretar música. En una ocasión tuvimos en casa un piano que un amigo le empeñó a papá en un momento de apuración económica, y llegué a soñar con aprender a tocarlo; pero de ensueño no pasó. El hombre pagó su deuda y se llevó su piano. Cuando empecé a trabajar a los 16 años, me compré en la tienda Sears Roebuck de Glendale, California, una preciosa guitarra vaquera y, 60 años después, todavía no aprendo a tocarla. Así que no teniendo una gran vocación musical, ¿por qué entonces me extasiaba viendo aquellas armónicas, especialmente las Honner? Había veces que, yendo de regreso a casa después de leer las revistas de "monitos" en el puesto de Herme, me desviaba de la ruta directa a través del jardín de la plaza, para llegarme hasta la esquina sudoeste de la iglesia. Ahí precisamente principiaba, con la buhonería de marras, un bazar tan misterioso como el más siniestro de los zocos de Argel o Marruecos. Yo llegaba hasta ahí, nada más, hasta la buhonería, no atreviéndome a penetrar en el enigma del resto de los emplazamientos alineados a lo largo de la banqueta, o en el lecho de la calle, y menos ir a dar la vuelta por la espalda de la iglesia, donde más tenderetes extendían el arcano del mercado.

Me bastaba con llegar a la buhonería y observar —desde afuera ya que no se podía entrar al lugar en sí— las diversas armónicas. Las había de varios tamaños y diferentes formas: alargadas, cortas, gruesas, delgadas, elípticas, etc. Nunca me atreví siquiera a preguntar cuánto costaban. ¡Qué tontería! Es más, un día compré en alguna otra tienda un órgano de boca que, según yo, era bastante bueno aunque no fuera Honner. La marca era El Mexicano, o cosa parecida, y sonaba bastante bien. A las primeras de cambio pude soplar en él algo parecido a La Adelita y a la semana ya "tocaba" tres o cuatro rancheras, y no malas rancheras (ó vaya Dios a saber). Pero nunca me compré una Honner y, desde luego, nunca aprendí a tocar aquel El Mexicano que al poco tiempo debo haber extraviado, porque no lo registro más en mis recuerdos. Sin embargo, hace apenas un par de semanas estuve en la tienda el Repertorio Musical del Norte por otro motivo, y vi el escaparate donde guardan las armónicas Honner. ¡Qué hermosuras!

Pero claro, aún ahora, tal vez respetando la memoria del viejo recuerdo, no pregunté cuánto costaban...

El maestro Ponce

Aprende, hijo mío, el idioma Inglés
si en el futuro quieres progresar.
Ya verás cómo después
la vida te podrás ganar
utilizando la lengua, para trabajar.

A papá tal precepto se le convirtió en obsesión, y gracias a Dios por ello. Hablar inglés me ha valido para trabajar, obtener mejores percepciones, promociones, avances y oportunidades de efectuar labores técnicas, artísticas y literarias que, de no haber conocido ese idioma, jamás hubiese realizado. Mi padre fue uno de aquellos héroes "camineros" personificados en el monumento erigido en su memoria donde arranca, o arrancaba, la Autopista Del Sol en la Ciudad de México. Debido a su ocupación, puede considerarse que nuestra vida fue ambulante, nómada, trashumante, y divagadora (razón quizá por la que divago tanto). Ibamos movilizándonos por los Estados, a medida que las carreteras se construían, de campamento en campamento, ó de pueblo en pueblo, hasta llegar al punto de último destino. Por tal motivo mi educación primaria no pudo ser ni formal ni ordenada. Brinqué de parvulitos a 2º año, regresé al 1º, el 3º lo hice dos años seguidos en 3 escuelas distintas, nunca hice 4º pero sí 5º y 6º. Esto, a mi padre le importaba una cucurbitácea cohombro, ó séase un pepino. Lo fundamental para él era que aprendiera el idioma Inglés.

–Si sabes hablar Inglés –me decía te ganarás la vida aunque sea como gendarme políglota. Los gendarmes políglotas, allá por los años 40's, eran aquellos que se paseaban ufanos por la capitalina Avenida Juárez luciendo, cruzadas en el pecho, la bandera nacional y la de las barras y las estrellas, con lo que se significaba que hablaban Inglés. Ellos se encargaban de atender, orientar y proteger a los turistas norteamericanos en el primer cuadro de la ciudad aunque, por aquellos tranquilos tiempos, lo que menos necesitaban los forasteros era protección. Desde luego, por hablar Inglés aquellos guardianes del orden público ganaban mayor sueldo que los regulares, y pertenecer a ese cuerpo selecto significaba una distinción. Ahora bien, yo lo que menos habría querido ser en mi vida hubiera sido gendarme. Políglota o no. El caso es que, llegados al siguiente pueblo donde sentaríamos residencia, la primer tarea de papá, incluso antes de buscar dónde vivir, era hallar un profesor de inglés.

En Iguala resultó ser el maestro Ponce. No, no nuestro insigne músico Manuel María Ponce, sino un hermano de él, Don José B. por Belisario, Ponce. Le recuerdo como si lo contemplara en una postal. En especial cuando lo veía aproximarse calle abajo personificando una hora completa de total aburrimiento. Chaparrito, barrigón, de grandes cachetes rosados, nariz abultada, sombrero de fieltro de ala ancha, saco de tela dril color gris, chaleco igual, pantalones abombados de kaki y botines, balanceándose al caminar como los barcos en alta mar (crédito a José Francisco Gabilondo Soler, "Cri Crí.")

Se decía que este maestro Ponce tocaba el piano igual que el otro, y me parece recordar que daba clases de piano. A la mejor son divagaciones de mi memoria, porque ya ni recuerdo qué tanto inglés hablaba el maestro, o si lo hablaba o no. Lo que sí evoco muy claro es que se pasaba la mitad de la clase dormitando, no sé si por efecto del calor, o de su edad, porque ya pasaba de los 60 años. Por ahí conservo el libro con que me daba clase, era el clásico... Bah, se me escapó el nombre. Era el de segundo grado que traía aquellos versos de Simón el Bobito: "Simple Simon went to fishing, for to catch a whale, but all the water that he had, was in his mother's pail." ¡Qué memoria, eh! También tenía el verso de la araña, pero ese nunca me lo aprendí.

Un día, ó hice enojar al maestro Ponce, o hice algo tan mal hecho, que me dejó como tarea escribir una frase 200 veces. En su fatuidad, apoyada por la inexperiencia, los jóvenes creen que pueden aventajar en perspicacia a la vejez, equivocándose casi siempre. Podrán los imberbes ser más ágiles, más rápidos, más tragones o tener otras habilidades, pero nunca podrán ser más listos o inteligentes que un viejo.

Sin embargo, ¿cómo podía yo desperdiciar toda una tarde de verano encerrado en mi casa repitiendo la misma frase idiota vez tras vez en el cuaderno, cuando podía pasármela nadando en la alberca de la quinta Eduwiges, o inclusive en el río, que en esa época de lluvias llevaba agua? Repetirla 20 veces debía ser suficiente para aprendérmela. Oye, ¿pero y si debajo de esas 20 le metía 10 hojas de papel carbón? 20 x 10 = 200. ¡Tarea cumplida!

    Don José B. asintió satisfecho al ver 10 hojas escritas con la misma frase pero, al ponerse los anteojos para revisarlas, advirtió que aun cuando las primeras páginas eran nítidas, las últimas se iban difuminando al punto en que la décima casi no se veía. Aquello le hizo sospechar que estaban hechas con papel calca y simplemente me duplicó el castigo: para la siguiente clase tendría que entregarle 400 frases hechas a lápiz, y una por una. ¡Qué mala onda! Con el calor que hacía, y el río a sólo seis cuadras de mi casa...

Tata Lázaro

Generales de "espada casta"
llamaba mi padre a los Revolucionarios
y no porque fuera de los Reaccionarios,
sino porque les conocía la pasta

Y, efectivamente, la Historia Patria así lo consigna: la mayor parte de los generales heredados de nuestro levantamiento armado, incluidos varios llegados a Presidentes de la República, prácticamente no desenfundaron sus espadas en acciones bélicas durante la Revolución, pero en cambio sí coadyuvaron a difamarla abusando del poder detentado. Incluyo aquí este relato no sucedido exactamente en Tierra Caliente, por haber sido un hecho real presenciado siendo niño, que afectó a toda la nación. En lo personal me sirvió para llegar a ser un hombre de bien. Espero narrarlo con el mismo candor infantil con que lo atestigüé.

El penúltimo de esos generales/presidentes, fue un hombre tan generoso para con las clases trabajadoras: los obreros y los campesinos, que los nativos de su estado natal, Michoacán, lo llamaron cariñosamente "Tata Lázaro." Él fue el General de División y Presidente Constitucional de los Estados Unidos Mexicanos, Don Lázaro Cárdenas del Río.

En otro relato mencioné haberle entregado cuando era bien chirrín, un ramo de flores en sus propias manos. Esto sucedió en Amecameca, Estado de México, al pie de nuestros volcanes, siendo alumno de una escuelita de párvulos, y él candidato a la Presidencia en visita de proselitismo. Recuerdo el hecho no porque haya sido significativo en mi vida, sino porque la seriedad de aquel hombre me causó una fuerte impresión. Como en una película un tanto desvaída, aún puedo ver su rostro adusto. Al recibir mi ramo de flores se lo pasó a un ayudante y, tomándome por las axilas, me levantó para acercar mi rostro al suyo y distender sus gruesos labios en la más leve de las sonrisas, diciéndome:

-Gracias, hijo. En tus ojos puedo ver que serás un buen mexicano...

Y me depositó en el suelo para proseguir su camino sin volver la cabeza.

Aquellos eran tiempos difíciles para el país pues se debatía en la miseria en que lo habían sumido ciento dieciséis años consecutivos de guerras iniciadas con la de Independencia en 1810, pasando por las Guerras de Reforma, la Invasión Norteamericana, la Intervención Francesa, y la Revolución de 1910, concluida apenas unos 10 años atrás. Teníamos además el pescuezo bajo la férrea bota extranjera, mientras sus filudas garras saqueaban nuestros recursos no renovables: la minería y el petróleo. Habían pasado ya casi cuarenta años de haberse descubierto en los fértiles campos tamaulipecos la existencia del llamado Oro Negro. Mismas cuatro décadas que los americanos, los ingleses y los holandeses –cayendo sobre el petróleo como buitres hambrientos— explotaban su producción sin freno, pagándole a México una retribución mínima por su aprovechamiento.

Corría el año 1938. Electo Presidente, Cárdenas estaba en el poder; pero el suyo era un poder muy precario pues dependía de mantener la buena voluntad de los norteamericanos, los ingleses y los franceses, para evitar que éstos empuñaran sus armas en contra nuestra y nos aniquilaran por el menor motivo. Pero la atención de dichos super poderes comenzó a divagar porque en Europa se gestaba una guerra mundial. Un maniático llamado Adolfo Hitler amenazaba con prender la mecha de una bomba que habría de explotar destrozando a medio mundo.

Lázaro Cárdenas vio esa oportunidad y supo aprovecharla. La amenaza representada por Alemania no le permitía a los Estados Unidos tener a la vez un conflicto armado en su patio trasero, si pretendía tomar represalias contra México, quien contaba con todas las simpatías del Embajador Alemán. La noche del 20 de noviembre de 1938, el General Cárdenas tomó el micrófono y difundió por la red de radio nacional un mensaje al pueblo mexicano: con esa fecha, expropiaba las compañías petroleras propiedad de extranjeros, y el petróleo existente en el subsuelo de México pasaba a ser patrimonio exclusivo de los mexicanos. Ese fue su primer paso, el más fácil...

Las compañías petroleras americanas, inglesas y holandesas no se quedaron calladas. Iniciaron una campaña mundial de difamación y desprestigio contra México, encabezada por los periódicos de la cadena William Hearst, acusando a los mexicanos de "robarse" las propiedades de las compañías petroleras. Luego nos demandaron ante los tribunales mundiales, exigiendo el pago de sus bienes a precio de oro. Así, por un tornillo valuado en diez centavos se cobró un peso. Convirtiendo los pesos a dólares transmutaron el incierto futuro de México en... ¡La Deuda Petrolera!
Y platico esta crónica especialmente para quien por su juventud no la conozca, o bien para conservarla en la memoria de los mayores como un noble ejemplo de amor a la patria, porque no teniendo la Tesorería de nuestro país dinero suficiente para pagar la enorme deuda, sus ciudadanos, sus hijos... tal como lo dice nuestro Himno Nacional, actuando como "un soldado que en cada hijo le diera..." se levantaron como un solo ser, como una sola conciencia, para cumplir la promesa hecha por Lázaro Cárdenas al mundo, cuando exclamó con dignidad: "¡Pagaremos!", a pesar de que lo exigido por los extranjeros como deuda era injusto. Ante todo, estaba el honor de la Patria.

Yo quisiera que los niños, con esos ojos que ahora se extasían en la pantalla del Nintendo, vieran a través de mis ojos de niño cómo cumplió el pueblo de México con el pago de su "deuda". Mi barrio en la Ciudad de México era Santa María la Ribera, y en la primera calle del mismo nombre abría su puerta la Séptima Delegación de Policía. Ahí, en una de las oficinas, se instaló uno de los miles de Centros de Recolección de Aportaciones para Pago de la Deuda Petrolera...

Diariamente, la fila de gente esperando para entregar su contribución salía de la oficina, se extendía por el corredor del patio de la Delegación guarnecido por un techo, cruzaba éste y salía por el cubo del zaguán a la calle, extendiéndose por la banqueta más de media cuadra. Millones de mexicanos de todas las clases sociales, por toda la nación, se formaron para aportar la cuota que lavaría el borrón infamatorio que enfangaba la dignidad nacional: la Deuda Petrolera.

Al recorrer la fila para ir a formarme a la cola con mi padre, iba observando a la gente. Me fijé en una anciana desvalida. Llevaba en su mano un anillo, apenas un aro de oro corriente que seguramente su hombre le diera para desposarla. En cada una de las arrugas de su frente estaba escrito el sufrimiento impuesto por su pobreza. Indudablemente carecía de dinero. Era evidente que sobre su anafre no habría suficientes tortillas para comer ese día, ni en su monedero las monedas de cobre para comprarlas; y sin embargo ahí estaba, dispuesta a ceder su único tesoro para que ningún extranjero pudiera decir que los mexicanos lo habíamos robado, que México tenía una deuda... vi. hombres que pudieran haber empleado mejor su dinero en comprar huaraches; niños como yo, pero más pobres, llevando sus alcancías; mujeres embarazadas que quizá entregaban el dinero necesario para alimentar a su criatura; empleados, mecanógrafas, tenderos, maestros, sirvientas... y yo, sosteniendo en mis brazos aquel enorme cochino de barro prieto de Oaxaca que tanto apreciaba, porque representaba los ahorros hechos para comprarme una bicicleta...

Al llegar a la mesa de recolección, lo puse encima. El actuario lo vio, y me miró a los ojos.

–¿Qué hacemos? –me preguntó.

–Rómpalo, por favor...

El actuario tomó un pesado pisapapeles de su mesa, y golpeó al marrano en la espalda. Al segundo golpe lo partió en dos, y de su interior rodaron sobre la mesa veintiocho pesos de plata 0.0720, algunos tostones y varias pesetas.

-Treinta y seis pesos, setenta y cinco céntimos, es la contribución total del ciudadano para el pago de la deuda... –dijo el actuario, al terminar de contar las monedas.

..."del ciudadano," el título que la patria me reconocía, me sonó glorioso...

Mi bicicleta

De que si, sí; de que no, no.
No había de que pue'que sí,
pue'que no, pue'que quién sabe.
Si don José Juan lo decía,
como que uno en la bolsa ya lo tenía.

"Lo prometido es deuda," dice el refrán; y como la palabra de mi padre era deuda pagada siempre a tiempo, ya era tiempo de cobrarla porque en dos días más ajustaría diez años de edad y, en la mera fecha, el día primero de febrero a primera hora de la mañana, tendría yo una flamante bicicleta. Desde luego, recibirla no iba a ser resultado de un acto generoso, cariñoso o sentimental de mi padre, sino producto del hábito que me inculcara de ahorrar para comprar lo que a mi veleidad se le antojara. Tener una bicicleta propia era una aspiración que representaba alcanzar categoría de héroe mitológico. Así que, tras varios meses de ahorrar para llenar con sólidos pesotes de plata los marranos de barro prieto que usaba como alcancías, me otorgué la categoría de campeón homérico... Al contabilizar las monedas días antes, mi reserva llegaba ya a 265 pesos. Si faltaba alguna cantidad para reunir el precio de la bicicleta, papá la completaría. El único pelillo en la sopa era que no la recibiría por sorpresa, pues debía escogerla personalmente. La filosofía de mi padre era: "Si necesitas algo compra siempre lo mejor, porque lo barato sale caro," de modo que, abordando en nuestra esquina del Chopo y Amado Nervo un novísimo tranvía de la línea La Rosa (los más modernos del sistema), partimos rumbo a la agencia Benjamín M. Del Campo, reputada como la mejor en el ramo de bicicletas y motocicletas. Obvio resulta aclarar que por esas fechas nos encontrábamos en la Ciudad de México, a donde íbamos con frecuencia para cobrar las rentas de los departamentos de papá, y pagar el agua, la luz, las contribuciones, etc.

Pero antes de arribar a la bicicletería, o expendio de bicicletas si se prefiere, referiré cómo fue que aprendí a montarlas. La Alameda de Santa María la Ribera con su bellísimo Kiosco Morisco, era de por sí un paseo placentero. La función original del quiosco, obra maestra del arte barroco construida por el arquitecto Ramón M. Bonfíl Castro, fue servir como Pabellón para exponer artículos mexicanos en la Feria Internacional de Nueva Orleáns en 1884, y después en París en 1889. Basta de historia. En la contra esquina de la alameda, donde la calle Santa María la Ribera topa con la alameda, había un taller de venta, reparación y alquiler de bicicletas. De una de sus paredes pendía un gran cartel publicitario anunciando las bicicletas inglesas Phillips. La alegoría presentaba un negrito africano –con un huesito ensartado en su híspido cabello– huyendo por una vereda de la selva montado en su biciclo, perseguido por un fiero león. Observando aquella imagen llegué a la conclusión de que, si el negrito podía dejar un félido a la zaga montando aquella bicicleta, Phillips debía ser la mejor bicicleta del mundo.

    La primera vez que papá me alquiló una bicicleta andaba en los cuatro años, pero él ya quería ver que dominara un vehículo superior porque del velocípedo ya me había graduado. Primero me la midió en el taller asegurándose de que alcanzara los pedales, y luego la cargó para cruzar la calle hacia la Alameda. Ya en la banqueta de ésta, me montó y corrió un poco a mi lado sujetando el biciclo por el asiento. Viendo que mantenía el equilibrio se entusiasmó y, dándome un empujón abajito de la espalda, donde ésta se convierte en abalorios, me envió hacia adelante. Y allá fui, derechito, derechito, derechito hacia un pobre chicharronero que tenía sus láminas de chicharrón de harina apiladas en una ancha canasta sobre la que llegué a caer de panza, haciendo polvo no menos de doce hojas de chicharrón. Comer tanta salsa de chile de árbol embijada a la harina me provocó fuerte dolor de estómago, y a papá una arremetida de acidez bastante grave; pero ni modo, si hubo que pagar los chicharrones, justo era que los aprovecháramos.

    Recibí mi segunda lección de montar bicicleta en la sección del Bosque de Chapultepéc que queda a espaldas del zoológico, hacia el poniente. En ese sector no había animales. Recuerdo andadores, prados, un enorme invernadero de cactáceas, y la caseta de alquiler de bicicletas y triciclos. Llegados ahí, papá rentó una bicicleta, y ¡upa! a montarla. Y ahí te voy, por uno de los andadores, yo dándole a los pedales y papá corre y corre sosteniéndome por el asiento del artefacto. Y, de repente, papá ya no estaba atrás de mí. Fugazmente lo vi tomar asiento en una banca mientras yo seguía aferrado al manubrio de aquel aparato que, por obra y milagro de la gravitación, se mantenía rodando sobre dos ruedas equilibrado por extrañas leyes físicas supeditadas al efecto de la atracción universal. De pronto me di cuenta de que era yo quien conducía, el que controlaba el destino de mi ruta sometiendo las fuerzas del cosmos, avasallando a la máquina, sojuzgándola a mi capricho, domeñando aquel potro de hierro, venciéndolo, conquistando su brío y señoreando su voluntad para convertirlo en facsímil del legendario Siete Leguas Villista. Al darme cuenta de que era yo quien hacía todo eso, automáticamente perdí el equilibrio, me fui contra la carriola que empujaba una niñera y, junto con el inadvertido bebito, azotamos como changos viejos. Bueno, me imagino que al envejecer y caer de cualquier altura, los changos se desploman como nosotros lo hicimos: levantando ambas piernas.

Papá corrió a mi lado, como habría de hacerlo muchas veces en el futuro, para asegurarse de que estaba bien. Yo lloraba, pero no por causa del porrazo y la rodilla que me había pelado, sino de coraje por haber chocado. Furibundo recogí la bicicleta, la empujé corriendo y de un salto brinqué a su asiento emulando a Hopalong Cassidy, mi vaquero favorito, cuando corría al lado de su caballo Plata, lo montaba de un tranco y salía en persecución de los malvados. Seguí pedaleando con energía, recorrí toda la elipse que formaba aquel andador hasta pasar nuevamente por la banca donde papá se había sentado y, soltándome del manubrio, lo saludé con ambas manos. Me caí de nuevo, lo cual me ha sucedido varias veces en la vida, sólo que siempre he podido levantarme.

Y vamos nuevamente de camino a comprar mi bicicleta. Llegando al Centro nos bajamos del tranvía en la esquina de Tacuba con Allende, y tomamos por esta última que, de ahí hacia el sur, cambia su nombre por el de Simón Bolívar. Caminamos cuatro cuadras. Al pasar frente a las vidrieras del castizo Café Tupinamba vimos que, como de costumbre, estaba repleto de apoderados, torerillos, matadores, peones, picadores y aficionados a la tauromaquia en general, que comentaban el triunfo obtenido por Lorenzo Garza el domingo anterior. Pasamos junto al jardincillo que rodea al Reloj Árabe, donde un organillero atacaba con brío los compases del Barrilito Cervecero. Cruzamos Venustiano Carranza, y unos metros adelante me detuvo el asombro: estaba frente a un local que medía unos cuatro metros de ancho por, no sé, muchos de fondo, ¡tapizado de bicicletas! Y digo tapizado porque, efectivamente, había bicicletas formadas en el piso, suspendidas de las paredes y colgadas del techo. Había cientos de bicicletas en aquel negocio, que se constituía así en el paraíso del velocipedismo.

–Quiero una bicicleta para este muchacho –le dijo papá al empleado que se acercó para atendernos, quien en los siguientes minutos se convirtió en mi verdugo al empeñarse en que yo necesitaba una bicicleta de carrera con 21 cambios adelante, siete de reversa y tres laterales, o cosa parecida. No, yo no quería una bicicleta ni siquiera de media carrera. Ya parece que iba a pasar frente a la casa de Rosita Román, en Iguala, empinado, con la nariz apoyada sobre el manubrio y las nalgas al aire. No, yo quería la del negrito. Quería una fina bicicleta inglesa Phillips, la mejor del mundo. Deseaba pasar bien erguido frente a Rosita para soltar el manubrio y saludarla con ambas manos. La expresión del vendedor cambió de inmediato. Él insistía en la de carrera por ser una de las más costosas, pero una bicicleta Phillips era otra cosa. La más lujosa de todas. Minutos después salió del almacén empujando un ensueño sobre ruedas: negra como la hulla, con el cromo de su manubrio, del engranaje de los pedales, rines y rayos, brillando como plata bruñida. Tenía portaequipaje de fábrica, espejo lateral, farola con dínamo impulsado por la rueda trasera, velocímetro que no sólo medía la velocidad, sino también la distancia recorrida, y corneta de dos tonos.

–¿Cuánto vale?– preguntó papá muy serio. Le dieron el precio. Lo regateo y, por fin, sacó la cartera y pagó.

Aquella fue tal vez, quizá, posible, muy probablemente, la primer bicicleta que hubo en Iguala. Bueno, si no fue la primera, sí era la más bonita, la más elegante, la más fina... Sólo hay que imaginársela el siguiente 24 de febrero encabezando el desfile escolar por el Día de la Bandera, adornada con cintas de papel crepé, luciendo el verde, blanco y colorado en tres grandes rehiletes fijos al manubrio, tiras de los colores patrios entreveradas a los rayos de las ruedas y, sentada en el portaequipaje, nadie menos que ¡Rosita Román, portando un hermoso pabellón tricolor!

Papá no dejó pasar la oportunidad y, arreándome por delante, me condujo al baño porque, antes de que ensuciara la ropa blanca o rompiera los frágiles perifollos del biciclo, iríamos con Don Pancho Romero para´que me tomara una fotografía.

Pero antes debo mencionar cómo era la cuestión del aseo porque –para mí y mis amigos– la acción de bañarse nos resultaba muy ilustrativa. Habitábamos una casa que, a pesar de su amplitud, no contaba con un cuarto de baño; por ende cada sábado, necesitáramoslo o no, toda la familia acudía a un establecimiento de baños públicos cercano a la casa. El lugar era amplio, lleno de luz y de plantas; contaba con algunos bártulos para hacer gimnasia, y múltiples cubículos privados equipados con grandes regaderas de presión que echaban una chulada de agua; fría, claro está, porque el clima no se prestaba para usar agua caliente. Ahora que la limpieza necesaria por pulcritud durante la semana se efectuaba en el patio de la casa sobre o a un lado del lavadero que, situado junto a la noria, carecía de toda privacidad. O séase que me bañaba ahí –dicho deportivamente– en pelotas. Fue en ese lugar donde mis amigos y yo recibimos las primeras clases manifiestas de anatomía acechando a Ramirita, nuestra joven sirvienta quien, siendo serrana y estando libre de conflictos mojigatos, desconocía el significado del vocablo "recato" y al bañarse junto al lavadero lo hacía cantando alegremente, descalza hasta la cabeza.

Y bien, una vez higienizado y vestido de blanco, posé frente a la lente fotográfica de Don Pancho sosteniendo mi bicicleta. Una de mis hijas tiene esa foto colgada en su estudio, pero ignora lo que le significó a mi niñez poseer aquella bicicleta por todas las satisfacciones que me brindó. Verla ahí me regresa en el tiempo para agradecer a don Pancho Romero su arte retratista, que revive en mi mente la expresión habida en el rostro de mi padre mientras se me tomaba la fotografía...

Un condumio dilecto

*Tú al alacrán pensarás
un arácnido peligroso,
por lo ponzoñoso.
Pero jamás imaginarás
que comerlo sea delicioso*

Puente de Ixtla, paraje localizado en el estado de Morelos sobre la carretera México-Acapulco, solía ser un rincón risueño; y digo risueño porque recordar lo que ahí me sucedió, me da risa. Pero eso no viene al caso en este momento, dejémoslo. Puente de Ixtla se llama así por el puente carretero que ahí existe, o existía, para cruzar sobre un torrente que resultaba ser uno de los afluentes del Río Balsas luego de pasar por Jojutla, Tlalchanpical, Huitzuco y Copalillo. Y a propósito de Huitzuco, quién sabe cuándo o de dónde llegó a esa región una progenie de italianos que, entre sus cachivaches migratorios, traían unas cepas de vid "Sangre de Cristo." Pues bien, establecidos en y/o alrededor de Huitzuco, estos ítalos sembraron sus tronquitos y a la vuelta de unos añitos tuvieron bien alineados viñedos productores de excelentes uvas rubí. En sus pasadas por ahí, papá compraba dos o tres garrafas de vino tinto y, ya en casa, preparaba con él la más deleitosa de las sangrías. Aficionado a tal sabor, su recuerdo me sirve como parangón para equiparar las frutillas que me dan por ahí al ordenarlas con comida española, italiana ó portuguesa, o hasta con un buen churrasco argentino o brasileño. Luego... ¿pero, de qué enchiláos estaba hablando?... ¡Ah, ya! De Puente de Ixtla.

Bueno, y ya que se ofreció lo de apartarse del tema, precisamente de Puente de Ixtla se aparta la desviación que conduce a las Grutas de Cacahuamilpa, cavernas destacadas entre las más extensas, interesantes y maravillosas del mundo, a grado tal que si el rey Jorge III de Inglaterra hubiera conocido esas grutas en 1762, cuando adquirió el Palacio de Buckingham, seguramente habría dado todo el oro que Isabel I le robó a España con sus corsarios, a cambio de tener para su uso el esplendor de un Salón del Trono, como el de Cacahuamilpa; y lo mismo hubiese hecho Napoleón III en 1852, al concluir el Louvre.

Bueno, pero a lo que iba era a que en Puente de Ixtla se había establecido el campamento de la SCOP, que estaba a cargo de un "carpero", individuo responsable de que la herramienta de mano: barretas, carretillas, palas, picos, dinamita, etc., no se extraviara. Lógicamente, el carpero vivía en una carpa, y el que ahí vivía se llamaba Jacinto y le apodaban "Chinto Tragalacranes"... Sí, precisamente porque comía alacranes tal como otros devoramos cacahuates, y se los comía fritos.

Chinto era un hombre muy honrado y como honrado que era, era pobre. A pesar de la grave responsabilidad que encaraba cuidando que la herramienta se mantuviera incólume, ganaba poco más que un peón de pico y pala. Siendo veracruzano, el sabor de los crustáceos le volvía loco pero, aunque no tenía familia qué mantener, su sueldo no le daba para lujos por lo cual no podía, digamos, comer alimentos fastuosos como camarones, langostinos y, mucho menos, langosta. Sin embargo, en Puente de Ixtla abundaban los alacranes, y de los güeros, de esos no muy grandes pero sí bien venenosos, por lo tanto tenía a su alcance cientos de animales articulados que, aun cuando no eran de respiración branquial como los crustáceos, sí tenían tegumento sólido y estaban cubiertos con un caparazón calizo: los alacranes. No el alacrán marino, como le llaman en algunas partes al pejesapo; ni alacrán cebollero, que es un insecto, ó séase un grillo real, no. Alacranes, arácnidos venenosos que, al probarlos, Chinto definitivamente les encontraba un gusto amariscado, sustituyendo con ellos sus dilectos moluscos.

Aunque había tantas alacraneras en la región, como quiera no era oficio compensatorio para Chinto andar buscándolas en boquetes, hendiduras, oquedades, y resquebrajaduras, cuando podía tener a domicilio los artrópodos necesarios para satisfacer su gula. Ah, y de una manera bien sencilla. Al arribar como nuevo residente, o simplemente al pasar la noche en Puente de Ixtla, la primera recomendación que se le hacía a un alienígeno antes de acostarse era revisar minuciosamente su lecho para no ir a compartirlo con un alacrán y, por la mañana al levantarse, revisar minuciosamente sus zapatos para no meter la pata sobre el pincho de un escorpión.

Luego entonces, como dijo el buen Jesús, Chinto decía: "Dejad que los alacranes vengan a mí." Dentro de su carpa, cada semana colocaba en el piso de tierra una serie de cajones de madera vacíos, boca abajo. Ahí los dejaba reposar siete días. Al octavo, pues por piadoso que era guardaba el Séptimo, se acercaba al primer cajón con una sartén bien embijada de manteca ya licuada por el calor, y la dejaba a la mano. Enseguida alzaba el primer cajón y, con la celeridad dispensada por la práctica, recogía con la mano izquierda uno por uno de las decenas de alacranes que corrían al verse descubiertos, en tanto que con los dedos índice y pulgar de la mano derecha les arrancaba el aguijón, lo tiraba a un lado, y echaba el arácnido a nadar en la manteca de la sartén. De esta manera, en un santiamén los tenía en la lumbre sancochándose sabrosamente en número suficiente para hacerse unos cinco o seis tacos tan justipreciados como su manjar favorito: los langostinos a la mantequilla. Al día siguiente procedía con el segundo cajón, y los sucesivos. Y no se indigestaba, ni se envenenaba. ¡Qué va! Ya estaba inmunizado de por vida.

Nadie en Puente de Ixtla se ufanaba de satisfacer su glotonería mejor que Chinto quien, a pesar de ser tan pobre, disfrutaba la vida habiendo encontrado la manera de compensar su indigencia y reivindicar su ventura, convirtiéndose en un hombre magnánimo y rumboso. Y lo comprobaba fehacientemente: acabando de conocerte, y a las primeras de cambio, te invitaba a cenar con él...
Alacranes, ¡claro está!

¡Vamos a las güilotas!

Eran dos, posadas sobre la rama de un almendro...
Cuánta ternura rezumaban
hurgando con el pico entre sus plumas.
Eran caricias y besos, era la predilección misma
de una por la otra...
Palomas, las llama alguien,
tórtolas, cóconas o cotonas, alguien más...
enamoradas, las llamé yo.

Pero cuando era chico, bueno, al andar entre los 8 y los 12 años, desconocía el concepto compasión hacia los seres pequeños e inermes y, siguiendo el ejemplo de papá, amaba la cacería. Ahora, pasados los años y asimilados ciertos fundamentos místicos como el de la Ley del Karma, me explico la ocurrencia de percances semejantes al que me sucedió aquel día en que salí entusiasmado a la calle en Iguala, para gritarle a mis amigos:
-¡Voy a ir a las güilotas!

Como dejé mencionado, mis amigos me funcionaban para jugar en el vecindario, para vacilar con las chamacas, para ir o venir de la escuela, ó para ir nadar al río ó a la Quinta Eduwiges. Cuando iba a leer mis monitos, iba solo; al cine, iba solo; salía al campo en mi bicicleta solo, y cuando iba a las güilotas tampoco iba con ellos, iba con papá.

Verdaderamente no entiendo cómo de niño, cuando presuponemos los sentimientos más tiernos, podía matar animales desvalidos sin sentir el menor remordimiento. Es más, disfrutaba la emoción cinegética de tener la presa entre las miras de mi arma; me regocijaba hacer un buen tiro y me ufanaba cuando lograba una blanco difícil... ¡Qué horror! Pero en fin, era un mocoso charrapastroso a quien las vicisitudes de la existencia aún no preocupaban y en cambio reflejaba la afición paterna. Compartiría con mi padre la emoción de ir a cazar güilotas, y lo demás me importaba una planta quenopodiácea comestible (ó séase un bledo). Cierto que me molestaba lo de llamarle güilotas a las palomas Ala Blanca. Sentía que era menoscabarlas. La güilota es una palomeja más pequeña, ñanga y feisona, que en nada se compara a la majestuosa arrogancia, al porte, prestancia, o gallardía de la Ala Blanca. Pero, bueno, la gente local usaba la designación genérica güilota para todas las especies palomares que por ahí abundaban y ni modo, había que ir con la usanza de la getunza, perdón, de la gentuza.

Así que, montando en nuestro semi flamante Ford Sedan 4 puertas, nos íbamos a las güilotas. No, no es fanfarroneo decir que el carro era semi flamante; permíteme aclarar. Recuerda que mi padre era regiomontano, así que para que él soltara el importe de un carro nuevo, ¡se necesitaba! El año era 1939, y el Fordcito 1937, por lo tanto, semi nuevo.

En fin, ya trepados en aquella lindura color gris acero; oye, ¿cómo no iba a ser una lindura si en ella aprendí a manejar? ¡Vaya! Además, en una ocasión me salvó la vida. Una noche, íbamos... bueno, eso te lo cuento en otra oportunidad. Decía que salimos por el rumbo de la estación ferroviaria para tomar el camino a Tierra Caliente. Ya sabes, Teloloapan, Técpan, Coyuca, Arcelia, etc., territorio todo favorecido por las migraciones de la volatería. A unos 15 kilómetros al poniente de Iguala el terreno alcanza una elevación aproximada de 500 metros sobre el nivel del mar, ó séase que el clima es subtropical; es decir, caliente como la Chinaca. La Chinaca, por si lo ignoras, era hermana de la Malinche, a su vez prima de la Guayaba, la Tostada y la Fregada; quienes fueron obsequiadas por un cacique de Tabasco (la tierra donde desde entonces "sí se podía" gastar o regalar lo que no era propio) decía, que el cacique obsequió dichas mujeres al bergante aquel llamado Hernán Cortés, a su paso por ahí. "Chifle Canicular", como apodaban a Cortés sus soldados, se quedó con la Malinche, bautizóla doña Marina y, después de procrearle un hijo y darle bastante uso, se la pasó a Juan Jaramillo para que él cargara con la pensión alimenticia familiar. La Chinaca fue retribución para Bernaldino "Cebollín Caliginoso" Vázquez de Tapia, quien se la llevó al Norte para poblar aquellas regiones. Por eso se dice que nosotros y los gringos somos primos. O séase que descendemos de dos hermanas: nosotros somos hijos de la Malinche, y ellos son hijos de la Chinaca. Bueno, digresión aparte (cada día divago más, debe ser por la edad), hablaba del clima de Tierra caliente, y de cómo la feracidad del terreno contribuye a que abunden maizales y, habiendo semillas, había palomas en abundancia. Asimismo, en algunas partes el suelo era sabuloso, propio para sembrar sandias, pero como las cucurbitáceas no les caben a las palomas por el esófago, las dejan en paz.

La hora más apropiada para cazar palomas era el atardecer cuando, luego de llenar el buche, volaban a los árboles donde habrían de pasar la noche ignorando, pobrecitas, que escondidos como abyectos palomacidas en asechanza, debajo del ramaje las esperábamos embrazando nuestras mortíferas armas.

Al detener el auto a la orilla del camino -fue de las primeras veces que manejé- divisé un árbol de gran copa pero sin fronda, ideal para acechar a las palomas pues me permitiría verlas al posarse en su ramiza.

-¡Yo me quedo en ese árbol!" -le grité a papá.

El colmo de mi buena suerte -consideré en ese momento- fue que exactamente debajo del arbolón crecía un arbusto totalmente cubierto por Manto de la Virgen, enredadera trepadora que con sus hojas y flores convertían al arbolito en una perfecta sombrilla azul, transformándolo en el lugar ideal para esconderse.

Radiante, me escabullí por debajo de la enredadera. Limpié un trecho de piedras y me senté cómodamente a esperar el arribo de mis víctimas. Miré mi carabina. ¡Que arma tan formidable! Era un rifle alemán calibre .22, marca Walther, ¡convertible! Oye, no; no tenía techo descapotable sino que podía cargarse y dispararse tiro por tiro, o bien podías alimentarle 36 balas y dispararlas una por una dándole cerrojazo u, oprimiéndole un botón, podías disparar un tiro tras otro de manera semiautomática, o, pisándole otra vez el botón, disparaba los 36 cartuchos en ráfaga, como ametralladora. ¡Nadie poseía un rifle igual quizá en todo México! Era mi premio por haber ganado el campeonato estatal juvenil de tiro con rifle .22 a 50 metros de distancia. Esa tarde lo traía contra toda la voluntad de papá, pues él insistía en que cazara palomas con mi escopeta .410, usando cartuchos de munición fina. ¿Razones? Dos. 1ª., con munición fina no se erraba un tiro a 20 metros pues el área de impacto se abría a un diámetro de más de 1 metro; 2ª., con munición fina no se destrozaba al animalito, y quedaba algo qué comerle; 3ª., y extra, no te rompías las muelas al masticar una munición fina porque eran demasiado suaves. Tirarle a las palomas con bala .22, resultaría un desperdicio. Era difícil hacer blanco en un bulto tan pequeño, a una distancia de unos 20 metros, y las balas .22 costaban 25 centavos cada una. Pero, ¿sabes qué? esa tarde iba dispuesto a demostrarle a mi padre que, haciendo dobletes y tripletes, podía matar una docena de palomas usando cinco balas cuando mucho. Explícome. Doblete se hacía esperando que dos palomas se posaran en la misma rama formaditas, de modo que pudiera matar dos con la misma bala; y triplete, pues, matar tres con un sólo plomazo. ¿Podía hacerlo? ¡Claro que podía hacerlo! Si tenía paciencia y un poco de suerte, hasta con sólo 4 balas.

Lindas y gorditas, las incautas palomas empezaron a llenar las ramas del árbol al filo del atardecer. El primer par cayó, y las recogí. Claro que al estallido del disparo la mayoría volaban, pero otras, no detectándome, venían a ocupar su sitio. Dos más se acomodaron y cayeron muertas. Llevaba 4 con dos balas, las posibilidades de maximizar disminuían. Pensaba en eso, cuando tres se acomodaron en fila. ¡Qué suerte! Apreté el gatillo con suavidad, la bala partió a entregar su deletéreo mensaje y cayeron las tres; pero una, no tan fallecida como las otras, se abatió más lejecitos. Tendría que ir por ella, so pena de perderla más tarde y no poder comprobar mi pericia. Agachado me fui gateando por debajo del sombreado Manto de la Virgen y, al avanzar con la cabeza gacha, no descubrí un panal de avispas coloradas, de las llamadas guachichiles, o reales por su gran tamaño, y le pegué con la frente. Nunca he visto a un enjambre de himenópteros reaccionar con tanta velocidad o ferocidad, ni a nadie salir de debajo de un Manto de la Virgen con mayor celeridad. Ni siquiera trataré de describir qué fue lo que pasó, qué hice, o cómo huí de las avispas porque, para mi desgracia, por ahí no había algún riachuelo a cuyas aguas saltar, tal como lo hace el oso Barney en las caricaturas cuando las abejas lo persiguen por robarse su miel.

Treinta y siete piquetes sufrí en la cara, brazos, cuello y pecho. Papá manejó los 20 kilómetros que nos separaban del sanatorio del Dr. Raymundo Abarca en 10 minutos o menos. Debido al envenenamiento por tanto pinchazo me vi. de verdad grave. Cuatro días tardé en abrir los ojos, y la sensación de que mi lengua había crecido cinco veces, dilató dos semanas en quitárseme. Los piquetes, con su respectiva comezón, vinieron desapareciendo un mes después. Hubo una ventaja obtenida con la inoculación de tanta ponzoña: nunca he sufrido de catarros, gripes o trastornos reumatoides o artríticos. Sin embargo, desde entonces la proposición de "ir a las güilotas" ya no me entusiasmó tanto...

Mi primer vuelo

Vuelan las mariposas
en arabescas ínfulas;
vuelan los sueños
sin dueños, sin barreras,
sin carreras ni prisas,
vuelan con las brisas
de la imaginación...

En 1940 Acapulco era verdaderamente un paraíso. Sus playas se tendían libres de rascacielos que sirvieran como telón de fondo a pasarelas para exhibir minúsculas tangas. No había extranjeros que contaminaran el aire con humos marihuanescos, ni mancharan la arena de sus riberas con el blanco de su "nieve" estupefaciente.

La piel de los cerros aledaños era flora exuberante, moteada por rojos tejados de casas rústicas. Almendros, tabachines, jacarandas, clavellinas, flamboyanes, mangos y palmeras por doquier. Un mar verdiazul límpido, batiendo arena maculada únicamente por la prieta chiquillería local; y eso sólo por las mañanas, pues en playas como la de Hornos no se nadaba después del atardecer porque los tiburones merodeaban en busca de alimento. Su Plaza de Armas siempre concurrida, siempre animada. Al norte de ella una iglesia sencilla, y enfrente la bahía con su bocana formando una herradura que permitía el paso a embarcaciones de pasajeros y carga. Las naves de gran tonelaje anclaban a media bahía. Las de calado escaso atracaban a lo largo de un muelle de madera, desde el cual los acapulqueños pescaban el platillo fuerte de su cena. Cerca de ahí quedaban la Aduana, las oficinas del Capitán del Puerto, el mercado y las pozolerías. El comercio era abundante y diverso. Una de las tiendas mejor surtidas era la famosa Las Tres B, por aquello de que todos sus artículos eran buenos, bonitos y baratos. Pocas y retorcidas calles corcovando sus barrios nativos. La más larga iba del centro a

La Quebrada, cuyos farallones aún no eran desdorados por clavadistas que arriesgaran sus vidas por 13 monedas. Quietud. Clima tórrido, mitigado al crepúsculo por una brisa perfumada... Eso era Acapulco.

    Y yo, yo era un niño de 11 años. Precoz, sí, porque ya desde entonces contaba con aspiraciones y vocaciones bien definidas: al crecer sería piloto aviador y actor de cine. Ambas inclinaciones originadas en mi pasión por el cinematógrafo. Las películas de aviones eran mis favoritas, seguidas por las de vaqueros. En mis solitarios juegos infantiles personificaba a otro Acuario, el aviador Charles Lindbergh, volando acompañado por un gatito el 20 de mayo de 1927 a través del Océano Atlántico; o bien a mis héroes ecuestres Hopalong Cassidy o Tom Mix, cabalgando por las praderas texanas. Ni Roy Rogers ni Gene Autrey me simpatizaban por ser vaqueros mariconcitos que se la pasaban cantándole a sus caballos, y nunca disparaban sus pistolas.

    La carretera México-Acapulco estaba concluida y, en vez de moverse a otro destino, papá consiguió un contrato para rellenar de roca una escollera que eventualmente serviría de base al malecón por construirse, de modo que permanecimos ahí un año y medio. Las canteras quedaban por el rumbo del Puerto Marqués, y para transportar la roca a la escollera se utilizaba el camino costero. Frente al Hotel Hornos, propiedad del General Juan Andrew Almazán, candidato presidencial opositor recientemente derrotado por los fraudes electorales del partido oficial –el PNR entonces–, estaba el campo aéreo donde, procedentes de la Capital, aterrizaban los bimotores Boeing 247 de 10 pasajeros propiedad de Aeronaves de México. El aeródromo consistía de una pequeña terminal y una pista de tierra que corría a lo largo de la Playa Hornos. Por las tardes solía acompañar a mi padre en el 41, su flamante camión que, teniendo la caseta de madera, contaba con aire acondicionado (le entraba el viento por todos lados). Al pasar frente al aeródromo veía unos aviones pequeños, avionetas, como chabacanamente les llaman los ineducados en aeronáutica. Sin conocer su utilización o su destino, aquellos aparatos se me antojaban pájaros mecánicos en los que algún día yo habría de remontar el vuelo. Tal fantasía fue convirtiéndoseme en obsesión, y suspiraba al imaginarme surcando el aire en una de aquellas delicadas máquinas voladoras, en vez de ir dando tumbos en un burdo camión de volteo. Paulatinamente mi admiración por las aves quiméricas tornó mis suspiros en apologías que pronto se convirtieron en anhelantes súplicas:

–¡Papá, yo quiero subir en un avión! ¡Papá, yo quiero volar! ¡Papá, llévame a volar!

No recuerdo cómo, pero de algún modo averigüé que varios de aquellos aviones realizaban vuelos de placer, y así se lo rebatía a mi padre cuando él argumentaba que eran particulares y no los prestaban. Un día, ya sea porque agoté su paciencia, o por estar él habituado a que nunca neceara, reconoció en mi deseo una necesidad y desvió su ruta para entrar en los terrenos del campo de aviación, diciéndome:

–¡Está bien! Si quieres volar, te mandaré a volar...

Indagando dio con un avión que se alquilaba y nos dirigimos hacia él. Al verlo me pareció un portento hecho tal vez en Taxco, porque parecía estar cincelado en plata maciza. A diferencia de los demás, que siendo de madera y tela lucían endebles, aquel monoplano de ala alta era totalmente metálico y, bajo el sol vespertino, brillaba como una pieza de orfebrería argentosa.

El piloto era un americano alto y fornido que hablaba un español mocho pero suficiente para darse a entender. Mi padre le pagó los quince pesos que cobraba por el vuelo y así, de pronto, me encontré sentado a su lado dentro de la cabina de lo que después vine a saber era un monomotor marca Luscombe. Mi asombro afloró una sonrisa en la cara pecosa del piloto quien, luego de mesarme el pelo, realizó un prodigioso acto de magia: oprimió un botón y afuera se escuchó algo semejante al relinchar de un caballo. La hélice, antes estática, rotó con pereza y de súbito el aparato cobró vida estrepitosa. La propela giró para convertirse en un halo nebuloso. Dos minutos después, al toque brujo de las manos del aviador, la estridencia aumentó y, dirigiéndose a la pista, la máquina se puso en movimiento gambeteando sobre el suelo arenoso para evitar los pozos escarbados por las tuzas. Mi sueño estaba resultando una realidad. A lo lejos vi a mi padre a la orilla de la pista, de pies al lado de su camión, levantando un brazo para despedirme. Emocionado como estaba ni respondí a su saludo porque, antes de entender lo que sucedía, ya llegábamos al extremo sur de la pista. Ahí, el motor rugió pero el aparato se mantuvo inmóvil, como tanteando si fuera a tener la fuerza necesaria para separarse de la tierra; luego, con algarabía de láminas, avanzó sobre la pista cobrando mayor impulso. En segundos el paisaje tropical se convirtió en un manchón de colores que fluía hacia atrás. Nunca en mi vida había experimentado tal velocidad. Deseando verificar lo que sucedía me asomé por mi ventanilla y observé la rueda del lado derecho. Giraba sobre la arena maciza como la de cualesquier otro vehículo pero, repentinamente, ¡oh, maravilla!, dejó el suelo. Incrédulo miré en dirección al Hotel Hornos y lo vi alejarse hacia abajo. Todo: palmeras, árboles, el camino, le gente que deambulaba por él, todo iba quedando abajo empequeñeciéndose. Miré a través del parabrisas y vi a lo lejos, pero acercándose rápidamente, el pueblo de Acapulco con todos sus detalles. La bahía lucía esplendorosa. El barco japonés que visitara esa mañana y me pareciera inmenso, ahora era un juguete flotando en el mar por debajo de nosotros.

    El aviador me miró, como preguntándome qué me parecía el vuelo y sólo acerté a sonreírle. Enseguida vi la Playa de la Caleta, La Quebrada, luego la Bocana y en lo que dura un suspiro estábamos de regreso sobre la Base Icacos, virando hacia la Playa Hornos y su pista costanera. Angustiado interrogué al piloto con la mirada y él, sonriendo, exclamó:
—That´s it!

    —¡No! ¡Cómo que ya fue todo! ¡Sígale, que aquí traigo más dinero! Vamos a Puerto Marqués, al Revolcadero, sobre las lagunas y luego dé la vuelta hasta Pie de la Cuesta...

    Sonriendo, el americano asintió divertido y movió el volantito para enfilar el monoplano hacia el sur. ¡Qué belleza! Nunca, ni en mis sueños aquellos en que me veía flotando por impulso propio, imaginé que volar fuera tan hermoso. Poder ver las nubes de cerca, la tierra y el mar tan lejos, y estar por encima de todos los mortales que se arrastraban por el suelo como gusanos medidores, me resultaba fascinante por la impresión de superioridad abrumadora que me confería. Jamás había experimentado tanta felicidad en tan poco tiempo; sin embargo, antes de poder paladearla realmente estábamos ya de vuelta sobre la bahía. El hombrón señaló un instrumento y dijo con su pesado acento:

—No más. Gasolina muy poca —haciendo con su mano derecha una seña para indicar que íbamos a aterrizar.

El ruido del motor decreció y la tierra fue acercándose. Se me ocurrió entonces ver lo inverso: el momento en que la rueda de mi lado hiciera contacto con el terreno. La playa estaba más y más próxima. Rozábamos ya copas de palmeras y arbustos y llegábamos sobre el suelo arenoso. La llanta rozó la tierra y empezó a girar, ¡pero desinflada! Iba a advertírselo al aviador cuando se escuchó un tronido y se desencadenó un terremoto. Abruptamente el paisaje se invirtió y la cabina del avión se llenó de arena y polvo. Sentí un golpe en la frente y un jalón en el estómago que casi me destripa. Luego, silencio absoluto.

Al salir de mi aturdimiento deduje que, sujeto por el cinturón de seguridad, colgaba de cabeza. Segundos después escuché afuera la voz de mi padre gritando mi nombre. La llanta se había pinchado durante el despegue y, al aterrizar y rodar desinflada, cayó en un pozo de topo. El avión capoteó dando una maroma que lo dejó ruedas arriba con la hélice, la trompa y el empenaje hechos una ruina.

No recuerdo cómo salí del avión, o cómo sacó mi padre al aviador que estaba desvanecido. Yo tenía una cortada en la frente causada por un trozo de mica del parabrisas que saltó al quebrarse, pero él estaba descalabrado, tenía tres costillas rotas y un tobillo luxado. Lo llevamos en el camión a la clínica de la Cruz Roja, donde mi padre procuró que se le atendiera con esmero.

Saliendo del dispensario caminamos calle abajo y, al pasar por la Plaza de Armas, mi padre propuso que tomáramos un licuado de frutas para curarnos el susto. Sentados frente a sendos vasos de batido de melón, él fijó en mí sus bondadosos ojos aceitunados y exclamó sonriente:

—¡Ah, qué m'ijo! A ver, ¿quieres ir a volar otra vez?

La sangre no me impresionaba. Eran muchos los accidentes que había presenciado. Mi respuesta brotó viva, rauda, impensada:

—¡Seguro que sí! ¿Cuándo me llevas de nuevo?

Hasta este día recuerdo su mirada divertida y la forma en que movió la cabeza exclamando:

—¡Muchacho carancho!...

Un pozo sin fondo

Sin fondo aparenta ser la vida
cuando la ida trasciende borrascosa;
pero a menudo es el regreso
el cual no tiene retroceso...

Y en verdad, para aquella caída no había reculada. Una vez de bajada, todo era caer, caer y caer, sin llegar a tocar fondo. No recuerdo, o nunca supe el nombre del lugar donde existía o, mejor dicho, existe ese pozo –porque el hecho de que su boca haya sido taponada no niega su existencia. Lo que sí tengo muy en mente es el paisaje que lo rodeaba. El infernal agujero se abría a unos 400 metros de la carretera México-Acapulco, en su tramo de Taxco a Iguala, donde termina la bajada de la Sierra Madre Occidental y se forma una rambla de piedras calizas redondeadas, comúnmente llamadas piedra de río. O sea que, bajándose del vehículo, de la orilla de la carretera echaba uno a caminar hacia el sur forzosamente, ya que al norte la cinta asfáltica bordeaba un risco prácticamente inescalable. Tomando por un camino de tierra que iba hasta una mina de azogue, o mercurio, distante de ahí unos 10 kilómetros, casi enseguida se cruzaba un cauce seco, bastante ancho, que en época de lluvias debía canalizar un respetable caudal de aguas broncas por lo empinado de los cerros aledaños. A corta distancia, el camino ascendía al poniente y, en sentido contrario, arrancaba de bajada una vereda hollada por la curiosidad humana pues su destino era la abertura del pozo referido. La campiña semi árida. Ni pasto a su rededor. Sin dar sombra, como simple vigilante del tétrico hueco, a la orilla del acceso crecía un árbol sin fronda cuyas ramas semejaban brazos descarnados que intentaran detener a quienes se acercaban al pozo con intenciones aviesas. En torno al foso crecía matorral, del que nace donde el agua escasea, encubriendo en nefanda complicidad la presencia del hoyo...

Tal vez la falta de atractivo del punto tenía que ver con el espectro de muerte suspendido entre las invisibles bambalinas de aquella embocadura del averno. Y menciono lo maligno porque se presentía en el contorno. Habían sido tantos los crímenes cometidos en aquel hueco, aprovechando su insondable profundidad, que se percibía la maldad reinante al acercarse uno al umbral. El cuero se enchinaba, y no era por miedo a la apariencia de la oquedad –que en su nivel superior tendría 20 metros de diámetro. El terreno circundante, escurrimientos de erupciones volcánicas antediluvianas, se acercaba a la abertura en ominosas riadas. Enseguida, como a 2 metros de profundidad, las capas pétreas se iban cerrando hasta reducir el diámetro de la oquedad a quizá 8 ó 10 metros.

Conociendo la velocidad de caída libre en el espacio de un cuerpo sólido, ó sea la aceleración de la fuerza de gravedad, 9.7536 metros por segundo por segundo, se podía calcular la profundidad por medio del sonido, arrojando una roca de buen tamaño contra la pared del pozo se contaban los segundos que el sonido tardaba en extinguirse. En mi caso, oía el golpeteo 13 segundos, lo que significa que la piedra recorría en su caída una distancia de 1,650 metros sin tocar culo, porque no se percibía un golpe final contra algún fondo.

Espeleólogos de varios países descendieron por su chimenea, sin alcanzar término. El peso de la cuerda con que bajaban era suficiente para romperla, o bien los gases hallados a determinada profundidad los intoxicaban. Nadie llegó al fondo... nadie vivo, claro; y mejor así porque los cadáveres por encontrar habrían sido muestra precursora de las cantidades halladas en Dachau, al concluir el Holocausto. Durante la Revolución, enemigos de ambos bandos paraban ahí cuando fusilarlos o eliminarlos por otro medio resultaba riesgoso. En las elecciones de los años 30's y 40's se procedió igual, así como en todos los casos en que era más práctico desaparecer a la persona que estorbaba. La boca del funesto agujero fue taponada en los años 50´s, cuando felizmente dejó de usarse como tumba ingrata para los muchos infelices ahí caídos. ¡Descansen en paz!...

La refresquería de chelito

Fruta madura que te has de comer,
no dejes que se eche a perder...
Cómetela a la luz de la luna
man'que te 'spine por venir siendo tuna.

Uno de los inconvenientes de vivir en Iguala era soportar el calorón de su eterna primavera/verano/otoño. La población queda asentada en una depresión por debajo del nivel del mar, y se suda por litros; así que por litros se deben reponer los fluidos en el cuerpo. ¿El remedio? ¡Un refrescante batido de frutas!

En las esquinas noroeste y suroeste de la Plaza de los Cien Tamarindos, algún munícipe avezado mandó construir sendos edificios de hormigón que para 1930, cuando se inauguraron, eran un dechado de modernidad. Ambos albergaban neverías que expendían refrescos embotellados –ó sodas, como decimos los norteños– aguas frescas, batidos hechos con frutas de la estación, y paletas tanto de agua como de leche. Los domingos ambas se veían muy concurridas, pero entre semana la situada en la esquina noroeste lucía solitaria en tanto que la del lado sur, llamada del Griego, siempre permanecía frecuentada tal vez por quedar frente al Palacio Municipal. Nunca supe si el propietario era de verdad griego pero, entre la niebla de mis memorias, se me filtra un rostro anguloso moreno olivo, casi tan oscuro como los locales, una nariz apolínea y una calva acotada en su límite inferior por cabello tan blanco como la espuma que bulle en esa gran pileta llamada mar Egeo, al ser azotado por las tormentas que derivan del Mediterráneo, por encima de las islas Espóradas. Como quiera, la nevería del Griego era el lugar de cita obligado para la élite comarcal.

Había otro puesto que no alcanzaba la clasificación de nevería porque no servía helados. Era de madera, semi fijo, y se localizaba a mediación de la banda sur de la plaza, donde acomodaba varias mesas de lámina con sus respectivas sillas. Este changarro era el de medio pelo, o sea no tan pomadoso como el del Griego; aun cuando, decir que el del Griego era elegante, sería hacerle mucho favor. A esta refresquería acudíamos los conocedores porque los batidos que ahí hacía su propietaria Consuelito, no tenían comparación. No, los del Griego ni se le acercaban. Además, al Griego ni quién quisiera acercársele; en cambio de Consuelito, con sus diecipocos años, quién no hubiera querido dársele una arrimadita. Pero volviendo a los batidos, Chelito rebanaba en su mostrador sólo fruta cortada madura del árbol o la planta. Sandías que confirmaban aquella fábula de que los caudillos insurgentes se inspiraron en sus colores para diseñar la bandera nacional. Su centro azucarado debía mantenerse cubierto so pena de que, en segundos, quedara tapizado de avispas, abejas obreras, reinas y zánganos –heminópteros claro– y toda clase de véspidos o lepidópteros capaces de chupar azúcar con sus espiritrompas. La papaya roja era tan perfumada que bien podían los catrines usarla en vez de su loción favorita; melones almibarados; mameyes suculentos; zapotes, chicozapotes, mangos jugosos, ciruelas rojas, amarillas y azules, nances amargocitos, etc., etc., etc. Luego, ponía la fruta rebanada en un cono chino (ya había licuadoras eléctricas Osterizer, pero pensar que Consuelito pudiera procesar en ellas un batido de fruta, sería indecente). En el cono oriental agregaba un poco de azúcar a la fruta y la molía con un batidor de madera. A medida que la pulpa mielosa salía por los agujeritos del cono y caía en un recipiente, mis jugos gástricos se derramaban sobre la mesa. A la papilla amelcochada, Chelito le añadía agua o leche –bronca, ya que no había de otra– según lo pidiera el cliente de acuerdo a su gusto, o a lo pródigo de su bolsillo. Revolvía todo con un agitador manual y lo servía en un enorme vaso de vidrio con trozos de hielo. Escribiendo ésto, inmerso en el calor de mi terruño norestense, cómo añoro estar sentado bajo los tamarindos en la refresquería de Consuelo. Y conste que no sería por admirarla ya que, a la fecha, Chelito debe ser una ancianita de ochentipocos años...

La virgen de Iguala

Hazme un milagro, Virgen Santa,
dame pujanza para soportar tu peso
que de tanto cargarte, mi hueso
ilíaco ya ni pa'l caldo escalfa...

Mi relación con lo divino, o con los personajes que integran el sacro panteón cristiano, siempre ha sido... especial. Nunca irreverente, pero tampoco subyugada, sino más bien familiar. Percibo al Poder Creador igual que aprecié a mi padre cuando era yo muy pequeño. Para mí él constituía protección, supervivencia, estabilidad y, sobre todo, amor paterno. Ahora que la ruquez me está rebasando, Dios –o como quieras llamarle- personifica para mí lo mismo, así que mi relación con Él es de hijo a padre, de un hijo que le tiene confianza a su padre, a un padre amoroso, orgulloso de haberme creado como parte de Él mismo.

Mi madre... bueno, ella siempre ha tomó muy en serio sus religiones y siempre fue muy cumplida en cuanto a ritos y demás. Por aquella época era católica practicante, así que observaba todas las fechas, preceptos, dogmas y ordenanzas que la iglesia, la curia, o el cura dictaban. Tiempo después, para desgracia de ella y mía, se mudó a la casa contigua a la nuestra una familia de Testigos de Jehová que cambiaron radicalmente las creencias de mi madre. Estos "Testigos" eran de los originales, de la vieja cepa, y sepa Dios qué tan revueltas trían en el coco -de por si lavado- una serie de creencias fundamentalistas que imbuyeron en la mente de mi pobre madre para siempre. Fue todo un repertorio de convicciones insensatas; entre otras la de que eventualmente los "Testigos" serían perseguidos y exterminados, por lo cual debían alejarse de todos sus parientes no creyentes, para que ellos no sufrieran las consecuencias de tal persecución. Como toda buena madre, la mía se preocupaba por mí y los míos, así que optó por separarse de nosotros para que la "persecución" no nos alcanzase. La famosa persecución se materializo, sí, pero en Europa y contra el pueblo Judío, y recibió el seudónimo de "holocausto". Millones de Judíos y Húngaros murieron por orden de un vesánico llamado Adolfo Hitler. A ésta es a la persecución que seguramente se referían los "Testigos", ya que siempre han tenido la manía de atribuirse todo lo relacionado con los nativos de Judea, inclusive el título de "Pueblo Elegido de Dios". Ahora, 60 años después, a pesar de que la mentada persecución nunca se llevó al cabo en México, mi madre siguió sufriendo las consecuencias del embeleco: vivió sola en un hogar de reposo donde, teniendo 1 hijo, 4 nietos, 3 hijos políticos y 10 bisnietos, sólo la visito yo una vez por semana. ¡Secuelas de esa sublime religión!

Pero bueno, por entonces era católica y la costumbre en Iguala era que en determinada fecha se celebrara la fiesta de la patrona del pueblo, obviamente una virgen. ¿Cuál? No lo recuerdo, pero se hacía fiesta en grande, y ésta comenzaba con una procesión en la cual la escultura de la virgen aquella era sacada del templo para ser paseada en un palanquín por todo el atrio; pero no una vez, sino un sinfín de ocasiones ya que se la sacaba por una puerta del edificio, se le metía por otra, para volverla a sacar, y a meter, y a sacar y a meter, hasta el cansancio. Y para ésto, a algún devoto pretérito se le ocurrió que tal labor debía ser desempeñada por niños inocentes, quiso decir, menores de 10 años; así que mover a hombros aquella estatua de tamaño natural hecha seguramente de piedra y no de yeso, más lo que pesaba la robusta camilla, litera ó palanquín, resultaba tarea de romanos, ó séase de membrudos centuriones y no de enclenques chilpayates menores de 10 años. Pero en fin, peores sacrificios llevaron a cabo los primeros cristianos, cuando les dio por entretener a los ciudadanos de Roma en el circo haciéndola de manducatoria, ó botana para los leones.

Bueno pues, había que cumplir con la costumbre so pena de caer en graves conflictos con los eclesiásticos, así que ahí te va tu segura servilleta –escoltado por mi buena madre- a servirle de tameme a la virgen. Éramos, tal vez, una veintena de chiquillos, diez a cada lado del palanquín. Diez niños a cada lado que, a la voz de újule, nos echábamos la virgen a cuestas de un tirón. Así, repartido entre 20, el peso no era tan agobiante; sin embargo, para la quinta vuelta alrededor del templo, el calor empezó a hacer mella en nuestra resistencia. Usualmente se contaba con varios grupos de niños para turnarse en la fatigosa tarea pero en aquella ocasión, quizá por mala organización o porque los jóvenes escaseábamos, no había quién nos sustituyera y, ni modo, había que seguir dando vueltas como burro de molienda. ¿Nunca has visto un burro de molienda? ¿Recuerdas cuando los filisteos pusieron al fortachón de Sansón a moler grano, luego de que Dalila lo peluqueó?, ó séase que el pobre burro queda atado a un yugo que lo mantiene sujeto a un aparato que da vueltas y vueltas para mover una piedra o un engrane que muele la caña de azúcar.

En fin, que durante una de tantas vueltas mi magín también comenzó a girar y sus engranes fueron hilvanando ideas, elucubraciones, razonamientos etc., y las inevitables preguntas se produjeron en mi mente: "¿Pero, qué enchiláos hago aquí, cargando esta escultura que ni ve, ni siente, ni habla, ni nada, y que pesa no sé cuántas toneladas? Y si no tiene siquiera capacidad para realizar lo que yo hago con tanta facilidad, que es caminar, ¿cómo es posible que conceda milagros?" Porque, aunque según nos enseñaba la catequista no era ella quien producía los milagros, ni a quien le rezábamos, sino que los prodigios ocurrían por intercesión de ella, y a quien se le rezaba en realidad era a Dios, entonces "¿por qué rendirle pleitesía? ¿Por qué pasearla por todo el atrio, si ni siquiera funcionaba por sí sola?" y después de discurrir una serie de pensamientos analíticos de esta índole, de pronto me despegué del grupo de chamacos y los abandoné a su suerte. "¡Cárguenla ustedes, si les quedan fuerzas! ¡Yo ya me harté!"

Y me retiré del grupo menestral, de la procesión, del atrio, del templo, de la fiesta y de la iglesia, tanto que no regresé a ella hasta el día en que me casé, y eso nada más por complacer a la agüelita de mi esposa, que era una joya... Hoy en día voy a las iglesias con mayor frecuencia. Desde luego no porque mi devoción haya vuelto o aumentado, sino por el incremento que se ha generado en la familia. En la actualidad hay más casamientos, bautizos y, desgraciadamente, defunciones que lamentar. Pero en vez de apetecerme ir, ahora me agrada menos por los pellizcotes que me da mi esposa cada vez que no me levanto o me hinco al unísono con los feligreses que sí se saben la misa...

Un salto semi mortal

Tal vez te escapes del rayo,
pero nunca de la raya que arda...
Aunque todo dependerá, compadre,
de que tu Angel de la Guarda
te resulte un tipo a toda madre...

Los circos llegaban a Iguala, pero no con mucha frecuencia. Y no creo que ésto se debiera a que el pueblo fuese una plaza mala porque, hasta donde recuerdo, el comercio parecía floreciente. Por lo menos los Kuri, los Kudsi, y los Hafiz, sirios libaneses que controlaban el negocio de telas y ropa, no se quejaban. Tampoco se lamentaban los Adame, los Maztache ó los Romero, dueños de los principales almacenes generales. No, quizá sucedía que aquellos no eran tiempos muy bonancibles pues el país apenas se recuperaba de la Revolución finiquitada la década anterior. Bueno, el caso es que el arribo de un circo llegaba a ser todo un acontecimiento. Recuerdo la vez que nos visitó el Gran Circo Veas Modelo, el cual por entonces era la mejor y más grande carpa que trashumaba el territorio nacional. En esa ocasión su atractivo era Blakamán, un artista que se decía fakir, y que tal vez lo era porque, acostándose sobre una cama de clavos invertidos, hacía que un mozo quebrara a marrazos una laja de piedra colocada sobre su tórax. Era tan fuerte que doblaba con las manos una barra de acero de media pulgada de espesor, revisada antes por cualquier persona del público, o bien detenía con cadenas sujetas a sus brazos dos automóviles marchando en dirección opuesta. Y eso no era todo, hipnotizaba animales salvajes tales como leones, tigres y hasta enormes cocodrilos.

¿Pero a dónde iba con lo del circo? ¡Ah, sí! Iba a comentar que lo que más me gustaba del espectáculo circense eran los saltimbanquis. No, momento. Saltimbanqui significa titiritero, y los que me gustaban eran los acróbatas. No, tampoco; acróbatas son los volatineros o equilibristas, o sean los que trabajan en el alambre, y esos son los políticos, ¿qué no? No, no, no, a mí me gustaban los maromeros, los que brincan, cabriolean y hacen dobles y triples saltos mortales, para caer en un asiento asegurado a una pértiga sostenida por otro cirquero. Me fascinaba tanto su agilidad, su elasticidad, la facilidad para cruzar el aire y caer siempre de pies, piruetas que después yo intentaba hacer por mi cuenta y me ponía cada culazo, que para qué les cuento. ¿Cómo para qué? Pues lo cuento, porque lo del salto semi mortal viene a cuento.

En otro relato menciono el Ford 1937 que teníamos. Bien, una tarde salimos en él papá, un chofer llamado Antonio, y yo, rumbo al campamento establecido cerca del poblado Tierra Colorada. Era un sábado, día de raya, y había que ir a pagar a la peonada y a los demás choferes. ¡Ah! Pero antes debo hacer una aclaración. Por costumbre aún imbuida en sus mentes, los peones no aceptaban ser pagados con papel moneda debido a tanto bilimbique insolvente que circulara por la región pocos años atrás; y no era tanto el no quererlo recibir de nosotros, sino lo mucho que ellos batallaban para pagar con papel más adelante. De modo que debía pagárseles en moneda contante y sonante, ó séase en pesos duros. De aquellos hermosos pesotes aleación de plata 0.720, casi pura. Papá tenía entonces 7 camiones, y para cargarlos de material cada camión utilizaba 6 peones, cada peón ganaba 6 pesos por día trabajado, y trabajaba 6 días por semana, así que el total necesario para rayar a los peones era de 7 x 6 x 6 x 6 = 1,512 pesos plata. Estaban también los choferes que eran 6 x 20 x 6 = 720 pesos más. Los sueldos sumaban 2,232 pesos, más periquitos que no faltaban, 2,500 pesos plata. Estos venían siendo 2 bolsas grandes de lona y una mediana, pesando unos 25 kilos en total. Y esto tal vez alguien no lo crea, pero no habiendo a quién más mandar por el dinero, usualmente el que iba al banco para recabar esa suma, era yo. Claro, acompañado por un chofer pero, como quiera, no dejaba de ser un chamaco de 11 años y medio el que llegaba al local del Banco Nacional de México en su propio vehículo para presentar un cheque autorizado por el gerente, para que se le entregaran 3, ó 4, ó 6 bolsas de metálico que apenas podía cargar para subir a su auto.

Y ese día en particular llevábamos una buena carga, porque a nuestra plata había que añadirle la que portábamos de otros 8 propietarios de camiones. El gran total llegaba a 250 kilos, el equivalente a 4 pasajeros, más 3 que ya íbamos arriba del coche, eran 7, o sea que el carrito iba bien pesado. Debimos haber salido de Iguala a mediodía, pero el generador eléctrico del Fordcito empezó a dar lata y, para cuando un mecánico le metió mano y lo arregló, nos dieron las 5 de la tarde. Para acabarla de retozar, la batería del carro era la original, o sea que tenía más de dos años de uso. Una celda andaba mal y perdía carga; pero como la raya debía haber llegado al campamento a las 2 de la tarde, y ya eran las 5, papá decidió que nos fuéramos así. Si la batería se descargaba, siempre podríamos arrancar el coche empujándolo.

    Del viaje no recuerdo nada. A esa edad y para las siete de la noche ya había clavado el pico. Recuerdo, entre sueños, que llegamos de noche al campamento, asentado en un terraplén de color ferroso oxidado El área formaba parte de la cadena montañosa llamada Sierra Ruborosa, por lo cual era cerril, escabrosa, y abundante en profundas escarpas. En sus trechos planos sobresalían peñas símiles de las matatenas con que jugaran a las canicas los gigantes griegos nacidos de Gea y la sangre de Urano. Pocos árboles, de nances algunos de ellos, chaparros y de escasa fronda. Abundante zacate corto, como si aquel paraje fuese parte de los prados residenciales de algún ser mítico, quizá de Tepeyóllotl, Corazón de las Montañas, que ahí se deleitara recostándose bajo alguna sombra. Ciñendo el paisaje serrano corría la carretera sinuosa, trocha humana bordeando la fragosidad de la escarpadura.

    En aquel lugar el camino torcía en una amplia curva que iniciaba un declive descendente. Fuera del acotamiento de la curva se extendía –en el lomo de la colina– un tramo casi plano de unos 1,000 metros cuadrados cubiertos de suave zacate arruinado ya por el paso de hombres y el peso de vehículos. Al centro se levantaban dos tiendas de campaña grandes que servían como almacenes de herramienta y explosivos. En su rededor descansaban máquinas conformadoras, aplanadoras, trascabos y tractores, mudos ahora, reposando las fatigas de la semana. Al lado sur de esta extensión que pudiera catalogarse como una terraza, caía un desnivel de unos dos metros para que se iniciara otra terraza menor. En esta había, suspendidas en el aire mediante cables y sogas sostenidas por pértigas y postes clavados en el terreno, varias extensas lonas bajo las cuales dormían noche a noche unos 200 peones.

Al llegar al sitio papá estacionó el Fordcito en el acotamiento, fuera de la carretera, donde el declive se inclinaba al lado exterior del camino. Durante el viaje ocupé el asiento delantero del lado derecho, opuesto al conductor, y al bajarse papá para averiguar lo que tenía que averiguar yo me estiré acostándome a lo largo del asiento. En el torneo de resistencia, la vejez de la batería del auto resultó perdedora y, por ende, el arranque eléctrico no funcionaba. No sé qué sucedió, o cuánto tiempo pasó desde nuestra llegada, pero de pronto sentí movimiento y me incorporé para indagar qué acontecía. Recuerdo vagamente los ajos, cebollas, centellas y carajos que, entre pujido y pujido, papá echaba porque tendría que ir hasta Tierra Colorada pues los peludos a quienes debía entregar el platal, siendo como era noche de sábado, se habían ido allá a libar mezcal, y la razón de los resoplidos de papá y Antonio eran porque empujaban el pesadísimo auto cuesta arriba para sacarlo a la carretera. Pero –pero que siempre se convierte en pelo que arruina la sopa– por esa ley inquebrantable de física que dice: el mayor peso vence a la menor resistencia, Antonio y papá ya no pudieron trepar el auto por encima del acotamiento del camino, y el declive opuesto los venció, de modo que el Ford rodó hacia el desnivel donde daba inicio la segunda terraza, y no había manera de pararlo. En la negrura de la noche, sin linternas con qué buscar una piedra para frenar las ruedas del auto, Antonio y papá nada pudieron hacer para pararlo. La única forma de detener el carro hubiese sido frenarlo, pero el que podía hacerlo dormitaba al volante.

Me despabilé al oír gritos, pero no supe qué pasaba. Me di cuenta de que el carro avanzaba, pero no podía ver hacia dónde. Encendí las farolas pero, con la batería descargada, su chorrillo de luz apenas bastó para darme idea de que me acercaba al desnivel del terreno pues ya columbraba las lonas que protegían a los peones. Iba directo a ellas. Reaccioné y estiré las piernas para pisar el pedal del freno. Las ruedas frenaron, pero patinaron en la tierra suelta y sentí cómo el coche se hundía en el vacío, para luego caer dos metros abajo, aumentando su velocidad y yendo directo a las lonas para cruzar por debajo de ellas, pero por encima de 200 infelices peones que pronto pasarían a la historia como los "Mártires de un día de raya." A la escasa luz de los fanales vi. cómo estaba a punto de pasar por debajo de la primera lona. Cerré los ojos. Pisé el pedal con fuerza disponiéndome a escuchar gritos de dolor, ayes, quejas, y gemidos de todos aquellos desventurados a quienes arrancara brazos, cercenara piernas, cortara manos, mutilara pies, escindiera dedos, separara uñas, truncara troncos, segara cejas, destroncara trancos, decapitara capirotes, rebanara glúteos, amputara ampulas, lisiara cara o desmochara mochos. El carro pasó por debajo de la primera lona como un bólido y ya alcanzaba la segunda en rápida sucesión. ¿Cuántos inocentes peones iban a morir esa noche por una condenada batería descargada, por un mugroso generador que había fallado?

  En segundos penetré por debajo de la segunda lona y me di cuenta de que no había habido ni un solo pío de sufrimiento. ¿Por qué? ¡Porque debajo de las lonas no se encontraba un solo peón! ¡Evohé Bacchus! ¡Que viva Baco! Long live Bacchus! ¡Lunga vita a Bacchus! ¡Longue vie á Bacchus! ¡Todos se habían ido a embriagar a Tierra Colorada, porque era 15 de septiembre! ¡Qué viva México, hijos de la Guayaba, y de sus primas la Tostada, la Fregada, la Malinche y la Chinaca!

  Pero momento, el cuento aún no termina. Falta lo del salto semi mortal. Después de rebasar la segunda lona, la pendiente del terreno se hacía cada vez más pronunciada hasta convertirse en un barranco con una caída libre de más de 200 metros de altura. El declive estaba bastante parejo, lo cual coadyuvaba al incremento de velocidad descendente del auto, y el problema se agravaba cuando del suelo sobresalía una de aquellas rocas gigantescas con las que las llantas del auto chocaban elevándolo cada vez más con cada salto. Yo me aferraba al volante y eso fue quizá lo que me salvó. Cada vez que el carro saltaba sobre una peña, yo pegaba en los resortes del asiento y éstos me impulsaban hacia arriba para golpear mi cabeza en el techo. Así avanzó el coche unos 150 metros más hasta una última roca donde el vuelo adquirido impelió al vehículo unos cinco metros en el aire, para caer sobre el tronco de un árbol recién cortado el cual se ensartó en el chasis del pobre carrito enganchándolo e impidiéndole movimiento adicional. Hasta ahí llegó. Cuatro metros adelante el desfiladero se convertía en un cantil con una caída vertical de más de 200 metros. Aquel no habría sido un salto semi mortal, sino mortal por necesidad.

En el silencio resultante, escuché la voz de mi padre gritando mi nombre... ¿Cuántas veces más en mi vida iba a oírlo gritar con esa misma angustia y desesperación? Tardé unos segundos en reaccionar y, al hacerlo, le avisé que estaba bien y nada me había pasado. ¿Nada? Había que ver los tremendos chipotes que me resultaron en la cabeza al día siguiente, y los moretones que me hicieron en la espalda las bolsas de dinero. Total, abrí la puerta y traté de bajarme, pero ¡no había piso! Del lado del volante el carro quedó suspendido sobre un hoyanco de unos cinco metros de profundidad al cual por poco caigo, así que salí por el lado del pasajero y escalé la inclinada ladera del monte unos 300 metros cayendo y resbalando, hasta llegar a donde estaban papá y Antonio.

El circo lo armamos al siguiente lunes para remolcar el auto de donde quedó, hasta la orilla del camino. Para empezar, hubo que dinamitar varias de las peñas sobre las que había brincado porque se interponían en la línea recta necesaria para sacar de ahí el coche. Luego le engancharon varias cadenas para remolcarlo con un tractor K9 y, además, se le amarró un cable de cada lado para que de ahí tiraran unos 30 peones. Parecerá mucho esfuerzo para jalar un pobre automovilito, pero el hecho es que era peso muerto y lo sacábamos de ahí casi en vilo. Para las cinco de la tarde concluimos la maniobra... Aparte de tener el bastidor un poco chueco, funcionaba bien. De todas maneras, yo creo que papá le tomó mala voluntad porque al poco tiempo lo vendió.

Todo depende del punto de vista, creo yo. Papá pensaba que el coche, además de estar salado, había atentado contra mi vida. Yo en cambio siempre pensé que, por lo resistente, aquel auto me salvó la vida...

Otros naguales

Que pueda ser buen cuatachón
no lo dudo para nada,
pero que lo juzgues bonachón
lo acepto una pura fregada.

No entiendo de dónde sacó la gente la noción de que entre los naguales los hay buenos y los hay malos. Admito la existencia de amigos listos y naguales, o séanse tarugos, ¿pero naguales buenos o malos?... Nagual, según sé, es el individuo aquel que –por arte de brujería, taumaturgia, maleficio, hechicería, o sepa qué– tiene la facultad de cambiar su forma corporal a la de un animal, o a otra humana diferente de la suya, según le convenga; y al que conocí, que conocí como conocencia porque no puedo considerarlo amigo, tenía la mala costumbre –entre otras jugarretas que me hacía– de robarse el pan de mi merienda.

Vivíamos... ¡Ah, caray, ahora sí que debajo de un árbol! Pero bueno, era un ahuehuete hermosísimo que debía tener varios siglos de edad, pues apenas entre seis hombres tomados de la mano podían rodear su tronco. Desde luego, su fronda iba en relación directa con el grueso de su tallo, así pues, la proyección de su sombra bien podía proteger toda una residencia, no digamos una casa de campaña como la que habitábamos en aquel campamento erigido a un lado del llamado Puente de México, en las afueras de la Ciudad de Puebla, de camino a la Capital del país. Aquel puente, además de ser una belleza arquitectónica por estar hecho con piedra de lava, ó tezontle, como la conocían nuestros antepasados aztecas, de colores rojo y gris, era sostenido por una arquería peraltada tan grácil que se antojaba incapaz de sostener el peso de su estructura, más el de los vehículos que sobre él rodaran. Construido a finales del siglo XVIII –una de las últimas grandes obras del Virreinato– aquel puente había soportado ya durante la guerra de Independencia el paso y el peso de los ejércitos españoles y de las tropas criollas insurgentes; de la artillería norte-americana con la cual los Estados Unidos intentaran hurtar la totalidad de nuestro territorio patrio (malsana intención castigada en Monterrey, en La Angostura, en Cerro Gordo, Padierna, Churubusco, y Molino del Rey, por héroes de la talla de Ampudia, Torrejón, Juvera, José Urrea, Anaya, Valencia, Tornel, Mora y muchísimos otros. También soportó más tarde el paso y el peso de los cañones franceses con los que Maximiliano quiso sostenerse en su ilusorio trono, y sirvió de cruce a los indígenas Zacapoaxtlas, quienes guiados por Mariano Escobedo y Porfirio Díaz, acabaron en el Cerro de las Campanas con los quiméricos sueños del pseudo emperador austríaco.

Como ya habrán adivinado, papá trabajaba con sus camiones de volteo en la construcción de la carretera México-Puebla, a punto de terminarse, y que a poco se continuaría hasta Veracruz, vía Perote o vía Orizaba. Del Puente de México a la Puebla de los Angeles la distancia era corta, de modo que a diario se podía ir para surtir la despensa y otros menesteres. Así pues, mientras papá trabajaba y mamá iba a Puebla para realizar sus compras, yo me quedaba solo en el campamento. Ya desde entonces mi emancipación y autonomía estaban declaradas, a pesar de mis cortos años (tal vez 5 ó 6). Pero no me quedaba solo completamente, no. Bueno tampoco me mal entiendan. Nada de nanas ó sirvientas, ó mozos para cuidarme. Más bien era yo quien se quedaba cuidando el campamento y todas las cosas valiosas guardadas en él: herramientas, refacciones, llantas nuevas y recubiertas para los camiones, etc. Claro que de habérsele ocurrido a algún ratero llevarse algo de ahí, yo no habría podido evitarlo; sin embargo, la diferencia con el día de hoy era que en aquella época los rateros todavía no se inventaban en México. La gente era mayormente honrada y, para obtener ingresos, se dedicaba a trabajar y no a aprovecharse del trabajo de otros. No niego la existencia de asaltantes, remanentes de tantos combates, guerras, guerrillas, contiendas y sin tiendas, los cuales, casi siempre, tenían algún reclamo insurgente justificado; pero estos tales eran tenazmente perseguidos por las autoridades federales y casi siempre terminaban muertos, después de haber sido capturados, por tratar de huir (y no era que se aplicara la Pena de Muerte, sino la igualmente temida Ley Fuga).

    Bueno, sucede pues que en muchas ocasiones me quedaba en el campamento pero, como dije antes, no precisamente solo... ni precisamente acompañado, porque mi compañero de juegos lo era... ¡un nagual! pues resulta que nada más yo lo veía. Y esto no lo convertía en producto de mi imaginación: un "amigo imaginario," como muchos niños tienen. No, este era, o tenía, la configuración de un niño de mi tamaño con quien jugaba los juegos propios de nuestro sexo y edad: canicas, balero, trompo, yoyo, etc. Pero mi problema no era sólo su maña de hacerme trampas constantemente para tratar de ganar todas las competencias, sino su instarme a cometerlas yo también procurando que lo aventajara, cosa que me disgustaba porque iba en contra de las enseñanzas de mi madre y el ejemplo de mi padre. Además, me quebraba mis canicas, rajaba mis trompos, enredaba los cordeles de mis baleros o mis yoyos y, cuando se enojaba, me correteaba por todo el campamento amenazando con hacerme crecer orejas y cola como las de Menecio, el burro que pacía en el maizal aledaño, si llegaba a pescarme.

    Luego, por la tarde, cuando mi madre me servía la merienda de café con leche o chocolate y varias piezas de pan dulce, para tomarla sentado en una pequeña mesa a la sombra del ahuehuete, aquel ente desgarbado se zampaba dos piezas de pan de un solo bocado, y tomaba el resto para echarse a correr por una pequeña puerta de golpe, saliendo del perímetro del campamento que estaba cercado, para perderse entre el sembradío de maíz.

    Una tarde, escuchando mis gritos coléricos, mi madre salió corriendo de la carpa para ver qué sucedía, y me encontró a medio patio vociferando hacia la puerta de golpe...

    —¿Qué te pasa? —me preguntó asustada.

    —Que aquel niño se comió dos de mis panes, y se lleva los demás.

    —¿Cuál niño? ¿Dónde está?

    —¡Ahí, ahí! ¿Qué no lo ves, saliéndose por la puerta de trancas?

Mi madre nunca lo vio, como no vio tampoco sus ojillos rojos, brillando fulgurantes cuando cometía alguna pillería, y los cuernillos retorcidos como los de un chivo, brotándole por la frente. A mí no me espantaba, ni comprendía yo por qué mi mamá se asustaba tanto cuando le describía cómo era aquel niño. Generalmente, cuando no se portaba tan mal, me divertía bastante con él. Si era o dejaba de ser nagual, o si era bueno o malo, me tenía sin cuidado...

El cine y los tacos de requesón

Por nombre de batalla, al cine
lo nombran pantalla de plata,
por tener el argento en el celuloide.
Pero nunca percibe el iluso asistente,
y lo ignora la mayoría de la gente,
o bien en nada valora, que hay brujería
oculta en la cinematografía.

Y en efecto, fue esa brujería –la magia del cine– la que imbuyó en mi mente la idea, ó más bien dicho la vocación, ó mejor dicho todavía, las dos aficiones que regirían mi vida adulta: la aviación y la actuación. Tenía apenas 11 años de edad cuando ya sabía que de grande sería piloto aviador, resultado de haber visto una película americana llamada "Alas Heroicas", ó "Hell's Angels" en inglés, y a los 12 ya había sumado a mi porvenir la ambición de ser actor cinematográfico; todo debido también a la asiduidad con que acudía al cine, para después recrear en mis juegos las historias vistas en la pantalla.

Pero esta evocación se refiere al salón de cine que frecuentaba en Iguala, y a los tacos de requesón que compraba a la entrada del cinema. Nunca he vuelto a comer algo que, siendo tan sencillo, sea tan sápido. Ahora, que si el adjetivo sápido resulta poco descriptivo, hay otros que aplican a aquellos tacos, que no eran más que una tortilla delgada, cortada en forma de óvalo, rellena de requesón, enrollada, frita al punto dorado y remojada con salsa de chile de árbol... punto... más sencillo no se puede, ¡pero qué sabor!

Bueno, me comía los tacos adentro del cine y, para eso, tenía que entrar a la sala y, para hacerlo, primero debía comprar un boleto. La taquillera... nunca supe su nombre pero la conocía bien. Tengo su rostro grabado en mi mente. Apuesto a que aquella buena mujer nunca pensó que su efigie quedaría indeleble en la memoria de un hombre no por índole romántica ó cosa parecida, sino por simpatía infantil. ¡Cosas de la vida! Nunca faltó a su trabajo. Siempre estaba ahí sin importar si el día era sábado, domingo o entre semana. Tenía cara de muñeca. De esas muñecas amables, sonrientes, de boca chiquita, paradita como para ofrecer un beso tronado. Era rechonchita de los hombros hacia abajo, y se peinaba dejándose un chongo en la nuca. Años después, al pasar por Iguala, me asomé a ver la entrada del nuevo cine construido en el portal poniente de la Plaza de los 100 Tamarindos, y la vi en la taquilla. Tengo la impresión de que me reconoció, a pesar de ser ya un hombre, pues al verme sus labios de corazón se distendieron en una sonrisa amistosa.

Papá siempre me daba suficiente dinero para adquirir un boleto de luneta, pero una vez que inadvertidamente desvié parte del dinero a otro uso, tuve que comprar un boleto de galería. ¿La diferencia? Niños: Luneta 50 centavos, galería 15 centavos; disparidad: 35 centavos. Ahora, no se piense que por comprar boleto de galería me quedé en gayola, ¡no! Aquí viene la parte que resultó una bonificación, una atractiva aventura extra, un añadido emocionante. Los evacuatorios de gayofa quedaban por fuera del edificio del cine; o séase que había un pasillo que conducía a la letrina, y ésta quedaba exactamente arriba del retrete de luneta. El pasadizo estaba cubierto por un alero y su altura al piso inferior era de unos dos metros. Todo lo que debía hacer para estar en luneta era descolgarme por el barandal y pegar un brinco. El arriesgue era que alguna persona relacionada con el cine llegara a verme. Sintiéndome Robin Hood, o algún otro héroe picarón, me descolgué del pasadizo, pero con tan mala fortuna que el trasero de mi pantalón se ganchó en un clavo salido y mi salida del cine tuvo que ser de reversa para evitar el hacer públicos mis calzoncillos. Por otra parte, permanecer en galería implicaba sudar la gota gorda porque se abarrotaba de público y, quedando este espacio cerca del techo de lámina de zinc, la temperatura subía varios grados. Además, si llovía el ruido de la caída pluvial sobre las hojas metálicas era tan alto que resultaba casi imposible entender lo que decían los actores en pantalla. Asimismo, en galería los asientos eran bancas sin respaldo como las circenses, y en cambio en luneta había butacas, una para cada espectador, y los ventiladores movían el aire continuamente. Quizá no refrescaban el ambiente, pero por lo menos brindaban la ilusión de hacerlo.

Ahora, lo mejor de todo eran las películas, todas habladas ya; en inglés, claro, pero con letritas. Lo fastidioso era que nunca faltaba cerca de uno alguien leyéndoselas a otra persona porque no veía bien, o de plano porque no sabía leer. Pero qué buenas películas, sobre todo las de aviones, las de vaqueros, las de gángsters, o las de piratas. Había que ver a Hopalong Cassidy, ó a Tom Mix, cabalgando tras los malosos por las planicies del Oeste; ó a los gángsters James Cagney, George Raft, John Garfield ó Edward G. Robinson; y ni qué decir de Errol Flynn en "Capitán Sangre," ó de Tyrone Power en "Las Tres Plumas." Esas eran películas, esos eran héroes. ¡Ah, cómo nos daban temas para nuestros juegos!

Solo, sentado en una butaca en la semi oscuridad de la sala, con las aspas de un ventilador girando para acariciar mi pelo con su flujo de aire, cómo no iba a ensimismarme en las peripecias que Pat O'Brien y Humphrey Bogart sobrellevaban para construir un enorme bote volador que bautizaron como el China Clipper el cual, al volar exitosamente, los condujo a China inaugurando una nueva ruta aeronáutica al Oriente; ó bien, en la lucha de otros titanes por abrir nuevos caminos aéreos en Sudamérica, como se narró en "Vuelo de Noche", filme basado en la obra del aviador/escritor francés Antón de Saint-Exupery.

Atestiguar aquellas hazañas me proyectaba al futuro, me sacaba de la sala para impulsarme por los meandros del infinito. O bien me dejaba absorber por las lentes de las cámaras para convertirme en un farandulero utópico, idolatrado por los públicos, adorado por las mujeres, afamado, mimado de la fortuna. El futuro diría...

Pero, de toda esa actividad cinemática, lo que aún añoro son los tacos de requesón que comía en la penumbra, mientras veía emocionado a Hopalong Cassidy brincar sobre el lomo de Plata para salir tras los malosos que habían secuestrado a la heroína...

Amelia Wilhemy

Artistas los hay de oro, de plata, y también de hojalata.
Tú que te crees tan histrión, ¿de cuáles eres, farandulero?
¿Eres de veras fregón, ó no pasas de narco fullero?
(pa'que te corte el aplauso un tremendo agujero)

Seguramente no somos más de una veintena los aficionados al teatro de variedades los que evoquemos su nombre, o reconozcamos su fotografía. A la mejor ya nadie la recuerda, como no sea algún pariente o descendiente de ella. Su apellido –aparte de ser difícil de pronunciar– era difícil de retener. Quizá en el asilo que la Asociación Nacional de Actores sostiene en alguna parte haya quien la mencione, o si no, en los teatros donde se refugian esos tristes viejecillos ex cómicos que, trastrocados en utileros, traspuntes, teloneros y demás, te impone el Sindicato cuando produces una obra teatral. Estoy seguro que ellos sí recuerdan a Amelia Wilhelmy.

Cuando vivíamos ya en el D.F., iba con mi padre al teatro de farándula cada sábado. Unas veces asistíamos al Lírico a ver a Fernando "El Panzón" Soto (papá del chillón oficial del cine nacional, o séase "El Mantequilla"), alternando con el cómico "Don Catarino" y la guapa vedette Delia Magaña; otras veces acudíamos al Follies Bergere, fundo del gracioso "Pompín" Iglesias Sr., cuando "Palillo" aún no se dejaba ver por ahí, pero en cambio nos divertían un par de mimos surgidos de las carpas arrabaleras, que respondían a los apelativos de Cantinflas y Medel, y a quienes borraba de la escena la comicidad de la genial Amelia Wilhelmy. Concurríamos también al Iris, cuando en vez de películas presentaban algún espectáculo especial, e inclusive al Palacio de las Bellas Artes, al producir Fernando Soto su espectáculo de super lujo Bataclán Mexicano, llevando de rutilantes estrellas a la todavía de muy buen ver Celia Montalbán, o a María Conesa, la "Gatita" Blanca, que aún se defendía.

Lo singular es que a la fabulosa Wilhelmy vine conociéndola en Iguala, en una escuela primaria, ¿curioso, no? Bueno, debo aclarar que fue en el patio de esa escuela donde se instaló la gran carpa en que, junto con un numeroso y talentoso grupo de artistas trashumantes, Amelia actuaba llevando el peso de la estelaridad y, bueno, también el de la ponderosidad de su respectivo y muy respetable trasero.

Verla en escena y comenzar a reírse era reacción automática del público. Bastaba percibir el centellear de los ojos vivaces de aquella gordonona, para sentirse de buen humor. Su gracia residía en los retruécanos hechos a sus patiños, ó cómicos alternantes, pero el grueso de su ingeniosidad consistía en mover el grosor de su cuerpo al compás de la música, ejecutando divertidos bailes pero, sobre todo, en ver cómo el rebozo atado a su cintura con un gran nudo de moño a la altura del ombligo, saltaba libidinosamente al compás de la melodía con cada sacudida de su tremenda barriga.

¡Qué evocaciones! Desde el gritón parado a la entrada de la carpa:

—¡Pasen, pasen, y vayan pasando, que la tanda va a comenzar! ¡Pasen, pasen, pasen! ¡Aprovechen el dos por uno! ¡Dos personas entran hoy con un solo boleto! ¡Pasen, pasen, y vayan pasando!

...hasta los cuasi paros cardiacos sufridos por los venerables ancianos de la primera fila cuando la bella Valentina Zubareff mostraba sus encantos, Enriqueta Faubert les guiñaba un ojo, o alguna de las vicetiples, entre gambeta y gambeta, clavaba su mirada en sus ojos como haciéndoles mil y una promesas secretas, y la excitación instintiva causada en la entrepierna de los jovenzuelos cuando la estrella de la función mostraba una porción de sus albos muslos. Pero más emocionante todavía era colarse a la parte de atrás de la carpa, por el exterior, para espiar hacia el interior de los vestidores a través de algún pequeño agujerito practicado a la lona de la carpa.

Claro, también había mucho talento artístico que admirar entre los comediantes y ejecutantes, pero a la edad que tenía entonces quién se fijaba en eso. Sin embargo, unos cuatro años después recuerdo haber visto en el D.F. el debut de artistas que llegaron a ser grandes estrellas en el ambiente artístico nacional. En el Teatro Arbeu Pepita Díaz presentaba sus cuadros musicales; en el Ideal las hermanas Blanch hacían la delicia de los amantes de la comedia; en el Fábregas los hermanos Soler, Fernando y Andrés, se codeaban con la guapa actriz Sara García, con Carlos Orellana y con un simpático jovencillo llamado Joaquín Pardavé. De colado, iba también a un teatro frontero a la fuente del Salto del Agua llamado el Politeama, prohibido para menores por lo atrevido de sus presentaciones, y en cuyo escenario hacían sus pininos un músico flaco y feo llamado Agustín Lara y un par de sus intérpretes: Toña la Negra, entonces una hermosa mulata, y un tenor guanajuatense que ya no se cocía al primer hervor, conocido como Pedro Vargas.

¡Cuánta agua ha corrido por esa Fuente del Salto! ó séase, ¡Cuánto ha llovido desde entonces!... Toña ya murió... Agustín también... Pedro agradece los aplausos desde el cielo (¿?)... Y a la mejor ya hasta el Manisero colgó sus cucuruchos de maní en alguna vecindad de las callejas Habaneras...

Las elecciones

¿Y para estos comicios, ya tienes candidato?
Sí, pero según indicios, sólo busca comodato
pa'cabar el sexenio millonario,
como todo buen robolucionario...

No lo vas a creer pero en Guerrero, allá por los años 30's a los chamacos el periodo electoral nos resultaba bien divertido. ¿Cómo por qué? Porque entonces no había tantas entretenciones como las hay ahora; ó séase que no había televisión en las casas, ni Nintendo 97 ó 64, ni Play Station, ni "chateo" por Internet. En la radio, el único programa elaborado especialmente para chavos era el de "Cri Crí", el Grillito Cantor, ejecutado e interpretado por su autor el genial músico Gabilondo Soler. Cierto que se podía escuchar radionovelas, pero éstas eran más bien propias para fámulas berreonas (como las telenovelas de hoy en día); aunque te diré, mamá no se perdía aquella "Anita de Montemar" que hizo historia, ¿y quién crees que la apuraba a llegar a casa a tiempo para escucharla?... Al cine se iba una vez por semana, y eso si tenías la feria para hacerlo; los circos llegaban allá de vez en vez, y las revistas de monitos apenas se popularizaban por lo que para entretenerte debías crear tus propias diversiones, o séase jugar, correr, retozar, brincotear, nadar... ejercicio, ejercicio, ejercicio, todo se convertía en ejercitación extenuante y nada más, a menos que fueras nerdito y te gustara leer o, peor todavía, estudiar.

En cambio, cuando había elecciones, sobraban las actividades. Lo que más me gustaba en lo personal era que llegaran avioncitos a esparcir hojas impresas, porque salíamos corriendo a la calle para gritarles: "¡Echa papeles!" y, tal como si nos oyeran, arrojaban cientos de hojas que ahora vengo coligiendo por qué se les llama "volantes". Claro que lo que más me interesaba era platicar con los aviadores porque, de vez en cuando, los avioncitos bajaban en el campo aéreo para que el piloto se echara un taco, un refresco, o simplemente fuera a mi arbolito, a desalojar la vejiga. Esto siempre me daba oportunidad de platicar con ellos y hacerles mil preguntas relacionadas con la aeronáutica, o los medios y maneras que pudiera haber para convertirse en "hombre águila", como les llamaba yo.

    Los mítines políticos ocurrían casi cada fin de semana, y siempre los había con música, títeres, bailadoras, tacos o tortas y refrescos gratis, y podías oír un montón de discursos que te hacían reír por tantas pendejadas que decían los hablantes. Luego, había que ver la cantidad de propaganda impresa que se repartía, que era lo que más nos gustaba porque parecía proyectada más bien para niños que para adultos. Déjame describírtela. Había unas hojas en las que aparecían impresas las efigies de los candidatos de todos los partidos, que generalmente eran dos o tres nada más. El oficial, o sea el PRM (Partido de la Revolución Mexicana, precursor del actual PRI), y los de oposición: el Partido Comunista, el Popular Socialista, el Sinarquista, etc. En esos impresos se te invitaba a encontrar el mejor candidato, para lo cual traían dibujado un círculo en el que aplicabas la punta de un cigarro encendido. El papel empezaba a quemarse en forma de un caminito que recorría la hoja quemando de paso a varios de los candidatos, hasta llegar a extinguirse frente al candidato "bueno", que era desde luego el oficial, el del PRM. Aunque siempre anticipábamos cuál de las efigies quedaría incólume, siempre nos resultaba emocionante tratar de adivinar quién quedaría indemne porque ésta era una táctica publicitaria muy socorrida, y a veces los opositores también la empleaban; por ende, el candidato íntegro a veces resultaba ser distinto del oficial.

    Pero las fiestas se ponían de verdadero ambiente cálido el día en que el candidato, cualquiera que fuere, visitaba la población, porque ésta se llenaba de gente acarreada de otros pueblos. Esto podía igualmente ser un feliz evento que terminar en un feo zafarrancho, cuando las pasiones se exacerbaban y el odio interpoblano e interpartidario se suscitaba.

A mí me tocó ser testigo presencial, y casi casi víctima, de uno de aquellos no mítines, sino motines, en el que hubo que lamentar varias defunciones. ¿Cuántas? ¡Quién sabe! Desde siempre las cifras "oficiales" han sido adulteradas, disimuladas, escamoteadas, escondidas, falseadas, falsificadas, mistificadas u ocultadas, de modo que las cantidades de 2 muertos y 7 heridos dadas por el municipio no resultaron muy confiables. Nada más yo vi. seis personas caídas y más muertas que los dinosaurios exhibidos en el Museo de Antropología del Chopo desde que era chiquito. Los heridos, muchos, se arrastraban por las banquetas y la calle.

No voy a mentirte adrede nada más por cargársela al partido oficial, así que no aseveraré a favor de quién era el mitin, ni quienes fueron los acarreados opositores que llegaron armados porque francamente no me acuerdo, ni tenía edad para fijarme en detalles como a favor de quién había que gritar. Mis cuates y yo simplemente hacíamos bulto, gritábamos, y aprovechábamos la confusión del vocinglero para ensayar el "trompabulario" que íbamos aprendiendo, en contra de los habladores de turno. Por alguna razón, aquel día Raúl y yo llegábamos tarde al mitin, que debe haberse iniciado a las 10 de la mañana. Ibamos por la arcada que cubría el frente de las tiendas alineadas al costado norte de la iglesia, las cuales se encontraban atestadas de mujeres llegadas de fuera acompañando a sus maridos para acudir al mitin. Compraran o no telas o vestidos, los sirios libaneses propietarios de los almacenes lucían felices de ver tanta clientela en potencia. Los hijos de los Kuri, Mijaíl y Reuben, de 8 y 5 años respectivamente, jugaban al trompo en el portal. Al verlos, le comenté a Raúl que de llevar mi trompo asesino "el rompemolleras", podía haberles echado una jugadita a los Kuri para quebrarles sus trompitos inofensivos. Como quiera los saludamos de lejos y seguimos hacia la Plaza de Armas. Al ir cruzando la calle notamos que, también con rumbo a la Plaza, venían tres camiones de redilas repletos de campesinos que estentóreamente le echaban porras a uno de los candidatos. Al detenernos para dejarlos pasar, observamos que varios de los hombres que llegaban traían en las manos revólveres, pistolas semi automáticas y, por lo menos, 4 ametralladoras de aquellas tipo Thompson que usaban los gángsters de Chicago, y que empezaban a utilizarlas disparando indiscriminadamente contra los viandantes. El susto que Raúl y yo nos llevamos fue mayúsculo, pero más me asusté al ver caer al mayor de los

Kuri con el pecho encarnado. Reuben, el chiquito, se quedó paralizado, en shock, mientras las balas zumbaban a su alrededor. En el portal, en la calle, en el atrio de la iglesia, hombres y mujeres, pero principalmente mujeres, caían como insectos fumigados. El ruido de los camiones con sus escapes abiertos, el tronadero de las pistolas y las armas automáticas, las "vivas" al candidato y el griterío aterrado y aterrador de las viejas, era enloquecedor. Y Reuben seguía ahí parado, quietecito, mirando desorbitado a su hermano que se contorsionaba en un charco de su propia sangre. De pronto reaccioné y corrí hacia el pequeño Kuri, lo abracé, lo derribé y quedé tirado sobre él, cubriendo su cuerpecito. No sé cuánto tiempo pasaría hasta el momento en que el ruidero de los camiones cesó, los disparos no se oyeron más, ni las "vivas" al candidato y quedó sólo una resonancia de lamentos, ayes de dolor y llantos de huérfanos. Sacudí la cabeza y vi., casi a mi lado, al señor y a la señora. Kuri hincados en el piso, llorando amargamente y abrazando a Mijaíl, que no daba señales de vida.

El espectáculo era estremecedor. A su paso, aquellos malditos camiones habían dispensado la muerte sin distingos. Minutos después salieron tras ellos varios vehículos llenos con gente de la congregada en el mitin. Iban armados hasta los dientes. Si los atraparon nunca lo supe, pero si llegaron a alcanzarlos ¡ah que matazón se debe haber armado! Eran tiempos fieros, era gente fiera... Si el General Juan Andrew Almazán hubiera tenido los tamaños precisos (o tal vez los tuvo, pero fue lo suficientemente humanitario para no bañar nuevamente en sangre al país) decía, si Almazán hubiera querido reclamar la presidencia, que legítimamente le correspondía de acuerdo a la votación del pueblo, gente brava y dispuesta a pelear le hubiera sobrado, por lo menos en Guerrero que, me parece, era su estado natal...

Y aun cuando esos tiempos ya pasaron y ahora hay menos muertes, como quiera (y a pesar del IFE) el robo sigue siendo la mejor manera de ganar elecciones... y éso, para vergüenza nuestra ¡por dejados!

¿Pozole? Sí, pero estilo Guerrero

"Si no hay corriente, no importa.
Póngale aunque sea de la fina",
Contestole mi comadre Julia al despachador,
La noche que en la gasolinera se fue la luz...

Por aquellos años el mercado de Iguala tampoco tenía corriente eléctrica. Por las noches, el alumbrado de los puestos portátiles se hacía con mecheros de petróleo cuyo relumbrar parpadeante destacaba contra la oscuridad el perfil desnarigado de Doña Estéfana, a la vez que le daba al lado norte del tianguis un aire ritualista pues cumplía con la importante ceremonia de ministrar la sagrada manducatoria vespertina –o séase dar de cenar– a los que llegábamos famélicos a la plaza, tarea que cumplían puntualmente Doña Estéfana y sus compañeras.

Al llegar, el visitante noctívago encontraba un solar delimitado por un cuadrángulo de locales construidos en serie para albergar a los comerciantes establecidos; sólo que, habiendo cerrado los expendios sus ojos de luz, únicamente por los letreros podía saberse en qué comerciaban pues sus puertas –párpados cargados de sueño– estaban firmemente atrancadas. Al centro del espacio abierto reposaban los puestos ambulantes cubiertos por mantas, lonas, o manteles ahulados. El plástico aún no existía para ecológico deleite de campos, calles, cercas de malla y lotes ociosos, que se mantenían libres del irreductible y agraviante material. Lo almacenado se detectaba por sus fragancias. Era fácil localizar los ajos y cebollas; pero no así saber cuáles puestos ofrecían papas, legumbres o frutos, a menos que ya estuviesen podridos. Sencillo también era ubicar los mangos, los melones y no se diga las aromáticas guayabas. Pero adquirir cualquiera de aquellas delicias era por demás irrealizable. Los propietarios, al igual que sus vituallas, viajaban por las tierras del mitológico Morfeo, hijo del Sueño y de la Noche.

El único sitio en que palpitaba vida de sabrosos comestibles, era el lado norte con sus candeleros de petróleo alumbrando una serie de mesas bajas que –erigidas como barricadas contra el hambre– exhibían charolas colmadas de sopes, tostadas de pata o de cueritos, tacos de requesón, pellizcadas, huaraches y otras delicias. Al frente, una banca acomodaba hasta seis clientes y, a la mano de la marchanta, la ollona de pozole hervía sobre un brasero en el que ardía carbón de coníferas. En un extremo de la mesa aguardaban límpiecitos los platos de barro y las cucharas de peltre y así, una aledaña a la otra, se alineaban 4 ó 6 pozolerías constituyendo el summum de lo ambrosiaco. Decididamente, no existe manjar que supere a un plato de pozole estilo Guerrero, preparado por una de aquellas marchantas que, tocadas por la vara mágica del regosto, se convertían en virtuosas del arte culinario. Los platillos de los grandes chefs de cuisine parisinos, madrileños, londinenses, romanos, o neoyorquinos, que años más tarde había de degustar, no valen un pedo artrítico comparados con el pozole de aquellas taumaturgas.

  Pero existía un problema para los neófitos. Una vez ahí, no se sabía cuál puesto seleccionar. Todas las ollas en que hervía el suculento manjar de maíz cacahuazintle se veían igualmente apetecibles. Apenas después de experimentarlo no una sino varias veces, se podía averiguar con certeza cuál era el más exquisito de aquellos pozoles, dando así con la cocinera que tenía el toque milagroso. Sin embargo, al hacerlo inicialmente por lo regular se cometía un error descomunal: no sentarse a la mesa de Doña Estéfana por su aspecto, aunque este yerro fuera disculpable por la fealdad de la desdichada mujer que, en vez de respirar por la nariz, lo hacía por un agujero abierto entre su estructura ósea naso maxilar. La década anterior, viviendo en el territorio de Quintana Roo, Estéfana había contraído una infección crónica a consecuencia de la picadura de una mosca chiclera –la cual transmite un bacilo parecido al de Hansen– y, debido a ella, había perdido el tejido carnoso y el cartílago de la nariz. En realidad, su aspecto era insólito, pero evitando mirarla mientras se comía frente a ella, se podía disfrutar el producto de sus manos prodigiosas. ¿Qué hacía? ¿Cómo cocinaba su pozole? Váyase a saber; pero ninguna otra de las marchantas lograba darle aquel aroma, aquel sabor... Sería la forma en que lavaba el maíz, cómo lo ponía a remojar en agua de cal, en qué olla lo precocía, cómo lo descabezaba, cuándo le agregaba la cabeza de puerco, no sé, no sé, ¡no sé! Pero algo especial lo hacía diferente. Su toque genial, o tal vez el amor con que lo cocinaba.

    Describir cómo lo disponía yo para comerlo, me hace gozarlo una vez más: primero pedía que en el plato de cerámica de barro con forma cónica me sirvieran la carne maciza; pierna tal vez, y la rebanaba en trocitos. Luego ordenaba un pedazo de cachete, ó séase de "gordo", que aplastaba hasta desbaratarlo para darle más cuerpo al caldo. Enseguida le ponía encima cebolla picada, orégano, chile piquín molido y el jugo de medio limón. Mezclándolo todo, lo bañaba con un cucharón de maíz y caldo y lo revolvía hasta incorporar todos los elementos y cubrirlos —como guarnición o el adorno en un pastel— con rebanadas de aguacate. Pero no pagua, no; ni Aguacali corriente. Aguacate de verdad, del de Querétaro, de la familia de las lauráceas, de ese negro fino cáscara de papel, que se remueve completa con los dedos. Y estando todo a punto, empujaba aquella exquisitez sobre la cuchara con cachitos de tostada. En realidad no sé qué disfrutaba más, si condimentar el pozole, o comérmelo. Cualquiera de las dos cosas, ¡qué fruición!

    Ahora bien, ese pozole tan deleitable no es privativo de Iguala. También en Acapulco se consigue igualmente suculento. La diferencia era que en Acapulco no se comía en el mercado, sino en pozolerías establecidas, varias de ellas alineadas por la calle que queda a espaldas de las Oficinas del Correo y la Capitanía del Puerto. La ventaja de éstas era que ahí vendían no sólo refrescos sino un excelente mezcal de aquel destilado en Sierra Colorada; y no hay deleite comparable al de acompañar el pozole con traguitos de mezcal, aunque carezca del tradicional gusano.

    Lástima que el tiempo todo lo cambia. El mercado hace años ya no existe donde estaba. Ahí hay ahora una explanada dedicada a conmemorar el Plan de Iguala, o el Abrazo de Acatémpan, o al Ejército Trigarante, a Vicente Guerrero o al ampuloso Agustín de Iturbide. A la mejor ya hasta remozaron la Plaza de los 100 tamarindos, o éstos se secaron de viejos. Con tal de que las marchantas no hayan dejado de hacer el pozole como lo hacían sus abuelas, todo andará bien...

Mis cuatachos

Echando los párpados sobre este momento
dejo de verte lento, panzón, y cansado,
para pillarte trepado en un árbol comiendo ciruelas,
o para ver las suelas de tus zapatos volar calle abajo
tomando el atajo de nuestra amistad perenne.

  Raúl Castro Villalobos era mayor que yo un año y meses... en edad. En madurez, me aventajaba un siglo porque era pobre. De niño nada me hizo falta. Para tener algo me bastaba ahorrar para comprarlo. No debía pensar de dónde vendría la próxima comida, y mi única inquietud era idear el siguiente juego para que la diversión continuara en mi vida. Mi padre no era acaudalado, pero sus camiones de volteo le generaban suficiente bienestar para sobrevivir los largos periodos de estiaje monetario que la situación del país le imponía de vez en vez.
  Contrariamente Don Antonio, el padre de Raúl, era muy pobre. Y que fuera pobre era lo de menos, lo de más era que ya rebasaba los 80 años de edad y debía sostener a su familia con los paupérrimos ingresos que percibía haciendo escritos para el juzgado en su antiquísima máquina de escribir, o tramitando toda clase de asuntos ante autoridades municipales y estatales. No faltaba algún poblano que le llamara licenciado, cuando sólo había sido escribiente en alguna oficina de gobierno. Tenía, sin embargo, casa propia y cuatro o cinco vacas que en algo acrecían sus entradas.
  A sus 11 años, Raúl hacía el trabajo del hombre de la casa: compraba forraje y salvado para las vacas, iba a buscarlas luego de que pastaban todo el día en el campo, las metía al corral, las alimentaba, limpiaba su pesebre, las ordeñaba, repartía la leche por el vecindario, acomodaba y cortaba las cargas de leña para el fogón, sacaba agua de la noria para el uso de la casa, y le ayudaba a su madre Doña Nicolasa, en todo lo que podía. Sin embargo, su propia diligencia siempre le

aportó tiempo para jugar conmigo y los demás chamacos del vecindario.

Cuando estábamos por mudarnos a Acapulco, Raúl aprendía a tejer canastos de bejuco, oficio que le mantenía las palmas de las manos y los antebrazos cubiertos de dolorosas cortadas. Al rodar de los años, aprendió el arte de la filigrana. Primero trabajó la plata y después el oro y, al poco y otro poco, muy sagaz, estableció un taller de orfebrería en Acapulco, haciéndose inicialmente de clientela entre los naturales, empleados en los hoteles, a quienes les apasiona cargarse de oro el pescuezo y las muñecas, y enseguida entre los turistas adinerados.

Herlindo Ocampo Román era unos dos años mayor que yo, pero en mañas y picardía me sacaba una buena ventaja. Le apodé "el Güero Chilaquiles". Güero por lo rubio, chilaquiles porque le fascinaban los que preparaba mi madre. Herlindo gustaba de la buena vida y juraba que al crecer ganaría muchísimo dinero y tendría todo lo que deseara. Desdichadamente, su anhelo sólo quedó en buen deseo.

Vicente Gutiérrez era un fuerte indio zapoteco. Nunca supe de dónde salió. Posiblemente era pariente de Raúl. Era un tipo callado que simplemente nos seguía la corriente haciendo lo que le dijéramos. Moisés Pastrana vivía frente a mi casa. Era chaparrito, desmedrado, y me daba la impresión de ser un ratoncillo maicero que se escurría por los rincones.
No habiendo las distracciones que existen hoy día, jugábamos a indios y vaqueros, o a policías y gángsters, basándonos en las historias de las últimas películas que semanalmente veía. Eran, claro, juegos eminentemente físicos, y nada escapaba a nuestras acometidas.

Cierta vez, por ejemplo, los becerros encerrados en el tecorral de Herlindo, nos sugirieron jugar a los toreros. En un santiamén la magia de nuestra imaginación convirtió gorras, toallas, y sarapes de los Ocampo en monteras, capotes, muletas y estoques, y al son de La Virgen de la Macarena silbada por todos, partimos plaza los dos espadas: Herlindo y yo, con Raúl, Moisés y los hermanos del Güero como banderilleros y picadores, en tanto que las Manolas, las hermanas del Güero y de Raúl, daban la vuelta al ruedo en una carretilla empujada por el monosabio, Vicente. Al toque del clarín salió del corral adjunto un torete ruano que, picoteado con una garrocha, se encontraba bastante malhumorado. Yo salté al ruedo agitando mi capote. Verlo el perspicaz becerro y buscar al indiovido escondido tras el trapo, fue todo uno. Corrí como gamo por todo el patio acosado muy de cerca por el insociable novillo, y la competencia de pedestrismo terminó en un abrevadero. Al llegar a él me apoyé con un pie en su muro y me impulsé para brincar al canto de una barda; pero no la hubiera librado de no ser porque, al impulsarme, el torete me alcanzó y, metiendo su hocico por debajo de mi ya sabes qué, me impelió como cohete por encima de la barda para caer de espaldas en el tecorral, en medio de un gran estanque de lodo donde dormían plácidamente los marranos de la familia Ocampo (los marranos suyos, de ellos).

En otra ocasión, mientras jugábamos en el patio de mi casa comenzó a temblar. Al grito de "¡Temblor!" buscamos en qué treparnos, pero en mi casa no había árboles altos, ni manera de subirse al techo. Entonces vi el travesaño de la noria, alzándose tres metros sobre el brocal del pozo, y grité: "¡Todos a caballo!" De dos brincos trepamos al brocal y de ahí al travesaño para montarnos sobre él y gozar la sensación de las oscilaciones. No sé de qué magnitud sería el sismo, pero las bardas de adobe divisoras de las propiedades comenzaron a derrumbarse, los techos de las casas a separarse y las tejas a caer. Súbitamente el travesaño en que estábamos montados se deslizó hasta zafarse de uno de los extremos en que se sostenía, y se enfiló al fondo del pozo a donde caímos los cinco mentecatos. La noria era estrecha, tanto que los cinco no cabíamos manoteando en el agua para mantenernos a flote. Claro que gritamos, pero la gente andaba asustada por el terremoto y, además, estaba acostumbrada a escuchar nuestra constante algazara de modo que gritar resultaba inútil. Por fin, a punto de sucumbir, Raúl estiró las piernas y rompió a carcajearse. Estaba de pies en el fondo de la noria, cuyo nivel de agua apenas nos llegaba al ombligo. Un rato después alguien pasó por ahí y nos tiró una cuerda para rescatarnos. Ese día por lo menos pasamos un par de horas bien frescos...

Otra vez en casa de Raúl comíamos ciruelas trepados en el árbol, cuando vimos correr por el canto de una barda una iguana de un color verde jamás admirado. "¡Tras ella!" fue el grito unánime. El iguánido brincó a un árbol viejo y se introdujo en el tronco por un agujero. Tal vez su hábitat acostumbrado. ¿Cómo sacarla de ahí? ¡Con humo! Prendimos leños. De tanto humo, nosotros resultamos los asfixiados. Rascamos el agujero, golpeamos el tronco, tratamos de cortarlo en dos... Bueno, ¿y después de todo, para qué la queríamos? ¡Ya déjenla en paz, vamos a hacer otra cosa! Ah, ¿pero quién insistió en sacarla? Sí, yo mero, que a testarudo nadie me ganaba. Metí la mano, hurgué en el hueco, y saqué la iguana... pero prendida al dedo medio de mi mano derecha. La sangre me manaba en cascada, casi me cercenaba el dedo a partir de la articulación metacarpofalángica. Como en otras ocasiones, Raúl intervino. De la fogata tomó una brasa y, sin importarle que se quemaba, se la clavó a la iguana en la cavidad inferior de las mandíbulas. El saurio abrió sus fauces, cayó al suelo y corrió como alma que se lleva el diablo.

Tal vez la más emocionante de nuestras actividades era cazar murciélagos. Eso lo hacíamos en mi casa. Bueno, en mi casa no, sino en una gran troje ubicada en el traspatio de mi casa. Este granero era un cuadrángulo hecho de adobe, todo cerrado excepto por una puerta que se abría en su parte superior para almacenar las semillas, y dos pequeñas compuertas inferiores para dar salida al grano guardado en su interior, cuando lo había, que era nunca. Lo que aglomeraba esa troje eran murciélagos, pero había que dejar la puerta superior abierta ó de otra manera los quirópteros no podían salir a comer en la noche, ó entrar a pernoctar en la madrugada. El chiste era meterse de día para pescarlos con redes mientras dormían colgados boca abajo, empresa nada fácil por su finísimo sentido del oído. Al menor ruido despertaban para volar por el interior del granero lanzando sus espantosos chillidos. Otra dificultad era soportar la peste de su guano y sus orines, pero aún así nos metíamos en la troje ignorando que podíamos contraer histoplasmosis, una peligrosa enfermedad. Pero en fin, el fin valía la pena. Ah, porque no he aclarado que nuestro propósito era totalmente cultural, didáctico, ilustrativo, magisterial y pedagógico. Los llevábamos a la escuela y, cuando la maestra y demás alumnos menos lo esperaban, los soltábamos en clase. Había que ver el escándalo que se formaba entre chillidos de murciélagos volando cegados por la luz del día, alaridos de las muchachas gritando aterrorizadas, y gañidos de la maestra queriendo imponer el orden mientras juraba que nos arrancaría los ojos y nos castigaría de otras mil horripilantes maneras.

Ese Raúl... Debe haber tenido unos 16 años cuando estuvo en mi casa en la Ciudad de México. Venía regresando de los Estados Unidos después de haber trabajado siete meses como bracero piscando algodón en Alabama, y levantando remolacha en Lousiana. Yo había terminado la primaria en la Escuela Inglesa para Niños, a la que asistía uniformado con pantalón de casimir gris, sweater azul marino con dos rayas rojas en el brazo izquierdo, y un escudo alusivo en el pecho. Al ver casualmente aquel pullover, Raúl quiso tener uno igual. ¿Para qué? No me lo explico. Por el calor, ni en Iguala ni en Acapulco tendría jamás oportunidad de usarlo. Tal vez le gustó por lo que representaba. ¡Sepa Dios! Sin pensarlo un segundo, se lo regalé y él, agradecido, me dio una chamarra de borrega comprada en Alabama para protegerse del frío. La chaqueta era feicilla y su botonadura no abrochaba bien al frente, pero la usé los siguientes tres inviernos en Puebla, al volar los aviones de cabina abierta en la Escuela de Aviación donde me gradué como Piloto Aviador...

No me canso de repetirlo, nunca tuve mejor amigo, ojalá él lo sepa. Bueno, sí lo sabe; ojalá lo aprecie. Bueno, sé que sí lo aprecia; ojalá lo valore... Bueno, sé que sí lo valora, ojalá... Oj Alá, y todo otro Ser divino permita también que Raúl –después de vencer las vicisitudes que la vida nos presenta– a estas fechas se ocupe en gozar a sus nietos...

Aprendiendo a nadar

De los monstruos, el más fiero,
ni quiero decirte cuál es...
Será tal vez el que enfrente
tu acollonada mente.

¡Acapulco!... ¡Ibamos a ir a Acapulco!... La emoción que me agarrotaba el gaznate no es descriptible.

—Vas a conocer el mar, y a nadar en él —exclamó papá alborozado, pero a mí su entusiasta propuesta me sonó más bien amenazadora.

Me lo informó con tres días de antelación, mismos cuyas noches pasé en vela y, cuando lograba conciliar el sueño, era sólo para concebir imágenes confusas, inauditas, fantásticas, casi aterradoras, surgidas lógicamente de la iconografía cinematográfica almacenada en mi memoria, única experiencia tenida en cuestiones marinas pues jamás había estado frente a un mar, piélago, u océano. Vivía el remoto año de 1936 y la carretera a Acapulco, más allá de Cuernavaca, era simplemente un camino real. Viajé con mi padre quien, a su vez, acompañaba a varios ingenieros que estarían a cargo de trazar la carretera cuya construcción estaba a punto de iniciarse.

Una excursión a la más apartada jungla concebida por Rudyard Kipling no habría sido, para mí, tan ilustrativa como aquel viaje a través de paisajes cuya virginidad y casticismo quisiera poder manifestar con palabras, al igual que la agitación y el arrobo producto de haberme internado absolutamente solo —mientras mi padre y los ingenieros discutían detalles técnicos del trazo— hasta un sitio alejado del camino para ver y gozar

—como primer mortal presente por ahí en siglos— aquellas montañas pintadas de verde espesura, para chapuzarme en un río cuyo torrente esculpiera, al paso del tiempo y de su corriente, albercas naturales en rocas monolíticas rebosadas por caídas suaves, casi silenciosas, como resueltas a no interrumpir el concierto total de trinos, de rumores de viento, de cantos acuíferos y cercanas cacofonías de guacamayas, chachalacas y carpinteros. Para acostarme en uno de aquellos peñascos megalíticos y escuchar la trova de la creación, desnudo, recibiendo en el pecho los rayos del sol subtropical, y sentirme no el microbio humano que en realidad era ante aquella majestuosidad, sino un gigante agromegálico poseedor y dueño de aquellas apartadas inmensidades. La excitación de haber estado en espesuras pletóricas de fronda, en florestas sobradas de helechos, groselleros, cicadinas, mangos, bananos y cambures, rodeadas por bambúes y perfiladas por palmerales alineados con palmas reales o indianas, listas para rendir su cosecha de cocos y la codiciada copra... y la felicidad de aspirar fragancias de campánulas, guaninas y orquídeas, y aromas de fruta madura, de cosechas abundantes, del amor que alumbra la tierra cuando se fecunda a sí misma...

Y continuando el viaje, al trasponer un cerro vimos un súbito brillo deslumbrador: el sol reflejado en un espejo de obsidiana azul oscura enorme, tan grande como mis dos brazos abiertos en cruz, y todavía más extenso. El asombro me enmudeció y así lo comprendió mi padre:

–Y aún hay más –dijo sonriente–. Eso que ves, es la Bahía de Acapulco. Tras de aquellos cerros que reducen la bocana, está el verdadero mar... El Océano Pacífico...

–Es que... se hace uno solo con el cielo –se maravilló la candidez de mis siete años. Papá asintió y me instó a regresar a la camioneta para iniciar el descenso hacia el pueblo. Debíamos buscar un alojamiento dónde recibir hospedaje varios días.

Describir el poblado no tiene objeto. Si alguna vez se ha visto un villorrio de la campiña mexicana se puede afirmar que se conoció aquel Acapulco, pero sin la miseria acostumbrada en otras provincias. La gente comía, y se alimentaba bien gracias a la generosidad de la tierra caliente y del mar tibio. ¿Qué tenía de notable el Acapulco de entonces? Bueno, La Quebrada ya existía, aunque sin sus populares clavadistas. Las playas estaban todas ahí, inclusive algunas que ya no existen ahora; el semi derruido Fuerte de San Diego, la Plaza de Armas, la Iglesia Catedral, el mercado y, ¡ah, sí!

remontado por allá en las alturas estaba el Hotel Del Monte, prácticamente el único en Acapulco; bueno, por lo menos el único de cierta categoría. Luego, frente a la plaza, desprendiéndose de la playa arrancaba un muelle. Un muelle de madera sentado sobre pilotes, de unos cien metros de largo, con sendas rampas a los lados para abordar lanchas de alquiler que ofrecían excursiones por la bahía. Caída la tarde, ese muelle era punto de reunión para que un buen número de pescadores locales procurara la cena familiar y, si la suerte les acompañaba, sacaran unos pescaditos adicionales para vender.

Corría el cuarto día de nuestra estancia en el puerto y papá todavía no me convencía de que nadara en el mar. Bueno, de que me metiera al mar, porque nadar como quiera aún no sabía.

–¡No! ¡Nix! ¡Nariz! ¡Nones pa'los preguntones! ¡Nanay! ¡Never de limón la never!

No después de haber visto aquella terrorífica cinta cinematográfica en la que un calamar gigantesco apachurraba entre sus tentáculos –cual triste barquillo de azúcar– a un velero de regular calado cuyos tripulantes se habían atrevido a desafiar la furia del enorme molusco cefalópodo pretendiendo pescarlo. Al primer round ya los había bañado con un diluvio de tinta negra.

–¿Y qué tal si me sale un calamar gigante, papá?

–¡No, hombre! ¿Qué tienes? Esos nomás existen en las películas.

–¿Y qué tal si me sale un monstruoso pulpo cefalónico, de esos que tienen tentáculos de dos metros y medio? ¿Y qué tal si me sale un cangrejo agromegálico? –y seguía con la inagotable lista de pretextos, porque películas vistas no me faltaban–. ¿Y qué tal si viene un tiburón y me come?

Esa tarde estábamos en el muelle. En la mera orilla del atracadero. En el extremo más lejano de la playa, ó séase del lado profundo... bastante profundo... de muchos metros de profundidad... y de ahí, las rampas que alcanzaban la superficie del agua para abordar las lanchas quedaban a unos buenos 15 metros de distancia. Bobeábamos la faena de los pescadores, cuando papá me preguntó:

–Bueno, ¿y tú, cuándo te vas a meter al agua?

—Al agua me meto todos los días... cuando me baño en la regadera —contesté muerto de risa.

Papá torció la boca —Quiero decir al mar...

—¿Y qué tal si...

—¿Y qué tal si te metes ahora? —replicó sonriente, dándome un leve empujón en la espalda que bastó para enviarme al mar con los pies por delante.

Cuando logré sacar la boca del agua grité pidiendo auxilio, pero papá sacudió la cabeza y señaló hacia la rampa más próxima:

—Allá está la salida. Nada... nada más mueve los brazos, ya sabes cómo...

Creer que mi padre modificaría su determinación era impensable así que, manoteando como Dios me dio a entender, me desplacé hacia la rampa ayudado por el flujo de las olas y la marea y, claro está, bajo su mirada de águila que no me quitó de encima hasta que estuve encaramado en la rampa, y sólo volteé hacia atrás porque alguien a sus espaldas dio un estentóreo grito:

—¡Tiburón! —y lo repitió enseguida—: ¡Tiburón! ¡Córrele, Güicho, tráyete el sedal grueso y un anzuelo del 30, pues!...

Efectivamente, a 15 metros de donde yo apenas salía del mar, una tintorera de dos metros noventa y cinco centímetros de longitud se estaba llevando la carnada de un pescador con todo y el hilo, el anzuelo y la caña. Resumiendo: el pescador ensartó a la hambrienta escuálida en menos de 15 minutos y luego, tras una lucha de media hora, ganchó a su no menos famélico macho, un escualo selacio elasmobranquio de tres metros noventa y cinco centímetros de largo, que pesaba 288 kilogramos.

¿Mi papá?... Mi pobre padre estaba verdemar del susto. Bueno, pero por lo menos yo perdí el miedo de meterme al mar a la fresca edad de 7 años; pero no fue precisamente ese día, o por el susto de los tiburones, sino un par de días después cuando vi la cosecha de pulpos que otro pescador sacara de por ahí cerca. Los tentáculos del más grande medían 40 centímetros...

Como quien dice, que si uno de aquellos ondulantes cefalópodos dizque cefalónicos llegaba a desafiarme a dos caídas de tres, me hacía los mandados...

Los soldaditos de plomo

Si ser soldado es tu vocación,
sufrir será parte de tu misión
pues la milicia jode mucho el lomo.
Penarías menos siendo soldado de plomo.

Y soldado tal vez lo fui, pero en otra vida, porque lo que es en ésta odio cordialmente todo lo que huela a castrense debido a la prepotencia de que hacen gala la mayoría de los oficiales, ya sean comisionados o simplemente clases. Tan malo es el Coronel perverso que se alía con el Pagador para guardarse parte de la raya de los pobres guachos que gobierna, como el Sargento que hace un reino de su barraca. Sin embargo, de chico lo militar me atraía. El uniforme, la disciplina, el orden, la bizarría de las tropas desfilando; todo, menos los oficiales gritando órdenes con arrogancia. Y por la misma razón, me llamaban la atención los soldaditos, sobre todos aquellos alemanes con uniforme del Tercer Reich que Herlindo compraba en la buhonería. Sólo que aquellos soldaditos de lámina, tan gallardos y bien uniformados costaban seis pesos cada uno; por lo tanto el Güero los adquiría prácticamente con cuentagotas. Uno en su cumpleaños, otro el día de su santo y dos más que le traía el Niño Dios, como presente de los Reyes Magos, ya que por entonces el tan mercadotecnizado Santa Claus aún no se asomaba por nuestra escena. Así pues, en los últimos seis años el Güero apenas había reunido 24 de aquellos garbosos soldados de los cuales uno siempre se quedaba en la enfermería haciéndola de herido, desde que fuera pisado accidentalmente por un hermanillo de Herlindo. Por ende, ni riesgo de que el Güero enfrentara su escaso y donairoso ejército contra mis zafios soldados de plomo, en una guerra a canicazos. Nada me habría gustado más en aquella época que contar con un numeroso ejército de soldaditos alemanes. Como dije antes, de pequeño nada me faltó. Si quería o necesitaba algo, me bastaba con pedirlo, o ahorrar para comprarlo; pero la verdad es que pedir no me gustaba. Ni siquiera a mi padre. Los domingos, cuando ya era hora de irme a la Plaza, a la alberca, o al cine, simplemente me hacía el encontradizo con papá y esperaba a que me preguntara a dónde iba. Al informárselo, infaliblemente contestaba:

–Toma para tus chuchulucos –dándome lo suficiente para gastar en mí, e inclusive para invitar a mis amigos si me veía con ellos.

Pero pedir juguetes o alguna otra tontería, no se me ocurría ni en Navidad. Pero sucedió que, estando ya próximas tales festividades, vi en el catálogo de alguna tienda de la Ciudad de México que su departamento de juguetes ofrecía un equipo para fabricar gallardos soldaditos de plomo, que luego podía uno decorar del color que quisiera. ¡Aquello era formidable! El costo equivalía a comprar apenas una veintena de los soldaditos de lámina. ¡Qué ganga! Consultando con el Secretario de Finanzas –mi marrano de barro prieto– encontré que casi tenía reunida la cantidad necesaria para adquirir el equipo.

Sabiendo que en Navidad papá iría a la Ciudad de México, le mostré el catálogo y le enseñé que casi tenía la cantidad requerida, preguntándole si me completaba el resto para comprar el equipo. Mi pragmatismo le gustó y aceptó encantado. El 6 de Enero me levanté tempranito y encontré al pie de mi cama el equipo para fabricar los soldaditos. Con ansia abrí la caja y hallé diez moldes diferentes. En cada molde se podían fundir tres soldados en diversas poses de acción, así que serían treinta en total: 20 de infantería, 5 de caballería, un corneta, un tambor, 2 camilleros y un enfermero. Hallé también un crisol eléctrico para derretir el plomo, y varios pomos de pintura con sus respectivos pinceles, pero desilusionado noté que faltaba algo. ¡No traía plomo! ¿Con qué iba a hacer los soldados?

–No te aflijas –dijo papá. Aquí hallaremos plomo en alguna tienda donde vendan artículos para soldar. Búscate una en el centro. Yo voy a salir ahorita y regresaré hasta mañana, pero seguramente para entonces ya la encontraste.

A pesar de lo chico que era Iguala, no encontraba la dichosa tienda y, cuando por fin la localicé, no tenían barras de plomo, y no sabían cuándo les llegarían las que tenían ordenadas. Regresé a casa bien triste. Estaba por entrar cuando noté que de la pared de la casa de Herlindo colgaba un trozo de cable que parecía ser de plomo. Usando una escalera facilitada por Raúl, trepé e inspeccioné el cable. Efectivamente, su grueso exterior era de plomo y, obviamente, servía para proteger el núcleo de cobre que corría en su interior, pero aquella porción no estaba conectada a nada. De inmediato lo jalé, desprendiéndolo de las pijas que lo sujetaban, hasta el agujero por donde se introducía a la pared, o salía de ella. Ahí lo trocé y gozoso bajé de la escalera con unos dos metros de cable que seguramente me servirían para fundir unos 25 soldaditos.

Escrutinando las paredes de las casas aledañas, noté que un cable similar corría por toda la calle a lo largo de las paredes, entrando a las casas por agujeros semejantes al que había en la casa de Herlindo, pero no se veía que ese cable estuviera conectado a ningún poste, transformador, convertidor, o a otro alambre, de modo que retirar aquel cable inútil en vez de ocasionar perjuicios, beneficiaría la apariencia del barrio, colegí. ¡Aquel era mi día de suerte! Para cuando terminé de recoger todo el cable que encontré en la cuadra, fundí el plomo y llené los moldes, tuve en mi poder 98 gallardos soldaditos que pronto lucirían sus polícromos uniformes.

Para entonces la noche había caido ya. Al salir a la calle descubrí que la nuestra era la única casa iluminada en esa cuadra. La única de donde no retiré el alambre de plomo porque no lo había, y no lo había por ser la primera de otra línea surtida por un transformador diferente, localizado en la siguiente esquina. Yo tuve mis soldaditos de plomo ese día, pero a costa de que papá pagara la reposición del alambre que inocentemente retirara, dejando a los vecinos sin luz y sin ventiladores toda aquella noche...

Los viajes a Iguala

Viajes lentos, fatigosos,
cargados de enfado e irritación,
y no obstante pilares de mi formación
cimentada sobre paisajes, estampas,
e imágenes de este país,
que irrumpieran por mis ojos
para sembrarme en el alma su raíz...

Así eran los viajes de Iguala a México, ó de México a Iguala, porque la carretera era angosta, sinuosa, y tenía pocos tramos donde pudiera desarrollarse velocidad. Ahora, que en aquella época los automóviles no se prestaban a gran lucimiento de pilotaje, y en muchas circunstancias debía uno peregrinar varios kilómetros atrás de un camión carguero por no poder sobrepasarlo en las curvas. No por ésto podía decirse que la carretera fuese mala, hubiera estado mal diseñada o incorrectamente trazada; no, la hicieron mi papá y sus compañeros, y la construyeron bien. La orografía fue la culpable. Pudo proyectarse de otra forma, pero hubiera resultado sumamente gravosa, y el Gobierno de entonces no podía costearla de otra manera. Por lo tanto, ni modo. Cuando papá decía "debemos ir a México", la cosa se ponía de pensarse. Siempre habría preferido quedarme en Iguala.

Sin embargo, siempre sucedía algo que diferenciaba los viajes, aunque fueran los lugares donde parábamos a comer. Por ejemplo, de regreso a Iguala, siempre hacíamos una escala en Tres Marías, donde —me imagino que hasta la fecha– el platillo obligado son las quesadillas. Como en todas las rutas, en Tres Marías teníamos nuestras marchantas ya conocidas a quienes confiábamos la satisfacción de nuestros apetitos, y el contento de nuestras panzas. A Tres Marías generalmente llegábamos por ahí de las 7 de la mañana; hora ideal para activar el estómago con un rico caldo de pollo, o de gallina, que era mejor por contener más grasa. Luego, para darle algo sólido a la tripa, ¿qué tal unas quesadillitas de pancita, o de chicharrón, de papa, o de seso ó, para que efectivamente fueran quesadillas, de queso?... Ricas, ricas, ricas... Pero espérate, no te ataques porque almorzaremos en Temixco, y de Tres Marías a Temixco, se hacía poco menos de una hora de camino.

En Temixco nos deteníamos frente a la fonda de Doña Facunda, situada al lado de la carretera. ¿Qué había ahí de especial? Nada del otro mundo. Lo que hay en todos los pueblos. Una mujer que guisa con la honestidad de una buena cocinera, que usa manteca de cerdo y no hace cuenta de calorías, carbohidratos, o de unidades de colesterol que te vas a engullir con cada bocado. Simple y sencillamente te da comida limpia y sana, hecha con toda la mano. Doña Facunda siempre tenía cecina, pancita, huevos al gusto, frijoles de la olla ó refritos, tortillas hechas a mano, pan dulce y café. Con eso tenías.

En una ocasión salimos muy temprano de Iguala y pasamos por el primer poblado situado todavía en el llano –antes de empezar la subida hacia la sierra de Taxco– cuando la niebla aún rasaba el suelo. No la vimos, definitivamente. O más bien no la vio papá, que era quien manejaba. Era una becerra, chicampeanona todavía. Quizá estaba acostada en la carretera porque, sin previo aviso, sentimos el golpe. Pero no fue golpe y empellón, según suele ser un atropellamiento, sino golpe y arrastre; y el animal quedó atorado debajo del chasis del auto, entre las ruedas delanteras. Tuvimos que detenernos. Eran alrededor de las cinco de la mañana y no se veía aún signo de vida por ninguna parte. Lo más peor, como dice mi compadre Menecio, era que la becerra seguía con vida y se quejaba a toda voz.

Nos bajamos del Fordcito mi papá, un chofer, mi mamá y yo, y estudiamos la situación; bastante complicada porque la vaquilla seguía atorada contra el bastidor del carro. La única manera de zafarla sería levantando el vehículo por la parte delantera, lo cual requeriría la fuerza de tal vez cinco o seis hombres pegados a la defensa, y hombres éramos dos y medio, contándome a mí y, de poder conseguir otros 4, tal vez nos fueran hostiles. Una vaquilla es una posesión valiosa para cualquier ranchero y, perderla... ¡Ah, caray! Más nos valía salir de ahí a la mayor brevedad posible, porque tal vez ni pagándole el valor de la becerra al dueño saldríamos bien librados. De repente, a Antonio el chofer se le prendió el foco. Tal vez si levantábamos el eje delantero del carro pudiésemos desatorar a la vaquilla.

Pusimos manos a la obra. Saqué el gato, lo colocamos por debajo del radiador en la muesca estampada en el eje delantero del auto, y el chofer empezó a darle vuelta a la manilla para subirlo. Por los nervios, el gato quedó mal colocado y se inclinó, resbaló y el carro cayó con todo su peso sobre la becerra, que empezó a mugir más recio. Recolocamos el gato. Todos los ventanucos de los jacales y casas aledañas permanecían oscurecidos. Antonio elevó el gato hasta su máxima altura y, a medida que el eje del carro subía, la vaquilla se lamentaba menos recio (se lamentaba de quejarse). Cuando el artefacto no dio más elevación, apuntalamos el carro y empezamos a jalar al animal quien, a pesar de no ser carnero, con cada jalón daba tremendo balido. En la hilera de casas que bordeaban la carretera, una y otra ventana fueron iluminándose. Los ensarapados (como llamaba mi suegra Doña Sofía a los rancheros cuando los veía de madrugada, envueltos torvamente en sus sarapes) empezaban a despertarse y no tardarían en hacer su aparición para caldear el ambiente. Los tirones a la pata de la vaquilla se redoblaron más enérgicos. Los cuatro jalábamos al unísono, aunándonos con pujidos: ¡y... ugh! ¡y... ugh! ¡y...ugh! ¡y... ugh! De pronto, la becerra se desatoró y los cuatro rodamos por el suelo, al tiempo que la puerta del tercer jacal a nuestra derecha se abría. Tal como si hubiésemos tenido un cohete acoplado al afterburner, nos incorporamos disparados para treparnos al auto. Sin considerar que el frente del carro estaba elevado sobre el gato, papá arrancó quemando hule con las ruedas traseras en el momento en que los dos ensarapados más próximos se acercaban para observar lo sucedido, sacando ya a relucir los filos de sus machetes por debajo de los sarapes con que se cubrían, pero ya fue tarde. De usar sus tranchetes debe haber sido para destazar a la becerra que por las prisas papá atropelló nuevamente, sólo que esta vez brincó sobre ella, rematándola. Los ensarapados se quedaron con la mohina de no saber quién les mató a su becerra, pero bueno, con un gato de ganancia ya que el nuestro quedó ahí tirado. Hoy día ya ni recuerdo el nombre del poblado, pero el susto pasado no se me olvida.

Otro día, bajábamos la cuesta del Tepozteco hacia Cuernavaca por la carretera antigua, que era la única entonces, y tenía curvas, y más curvas, hasta llegar a una calle recta que comenzaba en el poblado anterior a la bella Quaunahuac. Al descender por la serranía alcancé a un camión de redilas que no me daba oportunidad a rebasarlo. Observando la forma imprudente de manejar de aquel chofer, decidí dejarlo atrás. En cuanto no tuve otro tráfico antes de alcanzar la siguiente curva, cambié a segunda y aceleré a fondo. El Fordcito respondió como potro salvaje y de un salto se adelantó al camión. Minutos después ya no lo vimos más. Llegando a esa larga calle recta, metros antes del lugar donde hace una ligera curva, un vehículo frenó para voltear a la izquierda, deteniendo así el tráfico. Atrás de él se paró un auto, luego un autobús, enseguida otro coche, después otro carro, detrás nosotros, a nuestras espaldas una carcacha, a continuación una pickup y por último un automóvil de lujo. ¿Y quién llegó entonces, y nunca frenó? Sí, el camión de redilas, que se estrelló de lleno contra el carro suntuoso destrozándole la cajuela por atrás y la trompa por delante al chocarlo contra la caja de la pickup; ésta pegó contra la charchina, la cucaracha contra nosotros, nosotros contra el otro carro y así hasta alcanzar al cretino que se detuvo en primer lugar. En total, doce vehículos telescopiados y detenidos en la oficina de tránsito local hasta deslindar responsabilidades. Por supuesto, al conductor del camión no le alcanzó el dinero para liquidar todos los daños causados y las multas cometidas –para empezar se encontraba en estado de ebriedad completa– y por ende fue a dar con sus alcoholizados huesos a la chirona local.

Había tramos de carretera fascinantes, y otros fastidiosos. Me gustaba la sinuosidad anterior a descubrir Taxco, enclavado en la montaña cual un nacimiento. De lejos, Taxco de Alarcón es hermoso, y de cerca también cuando pasea uno por sus callejas estrechas deleitando la vista en la plata bruñida que sus artífices trabajan con amor de virtuosos.

Un día se me ocurrió, porque regresaba a Iguala con un primo de Monterrey que vacacionaba en México, hacer el viaje por tren. Pocos sabían de la existencia de un ferrocarril que llegaba hasta Mezcala, en la ribera del Río Balsas, quedando su estación terminal abajo del sitio donde el puente carretero cruza sobre el río.

Pocas veces he disfrutado y me he divertido tanto como en ese viaje. Mi primo Pepe y yo no nos mantuvimos quietos mientras el tren estuvo en movimiento, pero al detenerse en las espaciadas estaciones del camino férreo bajábamos y subíamos de sus plataformas. Había tramos en los cuales la máquina rodaba tan lento, por las empinadas cuestas y la cantidad de curvas, que saltábamos a tierra y corríamos al lado del convoy. La posibilidad de aventajar a un tren en marcha nos brindaba una sensación de poder irracional que nos compelía a gritar como enajenados, volviendo loco al Conductor, quien finalmente optó por ignorarnos para ver si así nos quedábamos en tierra y lo dejábamos en paz. La mayor parte del tiempo viajamos en las plataformas de los vagones, habiendo terminado con cara de negros de carnaval por el mucho hollín que despedía la chimenea de la locomotora. El viaje a Iguala en auto se completaba normalmente en cuatro horas, pero en tren nos llevó casi todo el día. A esa edad, y en aquella época, aquel viaje fue toda una aventura. Pero el tiempo pasa y hoy quizá los jóvenes piensen ¡Qué tontería! ¡Es más chido ir a la Disco!

Sin embargo, y a pesar de todas las décadas transcurridas, yo sigo pensando: ¡Quién pudiera revivir aquellos tiempos!...

El pescáo mojáo

Dicen que con frecuencia
el pez por su boca muere,
pero de seguro lo que menos quiere
es morir de flatulencia.

Bueno, mojado sí estaba; pescado, todavía. Aún había que pescarlo. Y en cuanto a morir de flatulencia, pues sería necesario utilizar el vocablo como lo hacen los guatemaltecos quienes por decir miedo, dicen flato. Miedo sí tenía, permanecía inmovilizado por el miedo y eso por poco le cuesta la vida; bueno, mejor dicho, nos cuesta la vida, a él y a mí...

Érase uno de aquellos domingos luminosos... deslumbrante por la limpieza de la atmósfera; placentero porque todo guardaba condiciones ideales: temperatura templada, humedad relativa baja, brisa constante del norte, cielo azul, la mitad cubierto por nubes aborregadas... ¡Delicia pura! Quien haya sugerido que ese domingo en particular llevásemos a cabo nuestro tradicional día de campo para celebrar la fundación del Club Cinegético y de Tiro al Blanco "Independencia", se llevó la tarde. No recuerdo por dónde, en cuál rumbo, o a qué distancia de Iguala esté el paraje donde nos reunimos, y lamento que aquella haya sido la única visita a ese sitio verdaderamente idílico, centrado en un río rodeado por una espesura de chopos y moreras. El torrente no era muy caudaloso, pero sí arrastraba suficiente volumen de agua para formar ahí un amplio y profundo estanque, obviamente bien surtido de fisóstomo teleósteos y de osteictios, ó dicho sencillamente, de carpas y bagres, pues podía vérseles de vez en cuando nadando plácidamente al fondo de la corriente.

Ahora bien, nosotros... y digo nosotros porque yo, a pesar de mis 11 años apenas cumplidos, me consideraba tan cazador como los adultos y si no, entonces por qué era campeón de tiro sobre siluetas con rifle .22, a 50 metros de distancia, ¿eh? ¿Eh?... ¿Ah, verdad? Bueno, decía que éramos cazadores, pero de pescadores no teníamos ni la facha. Entre todos no armábamos una caña de pescar, ni nadie llevaba un anzuelo, un sedal, una línea, un carrete, un plomo, un gusano o alguna clase de señuelo, cebo, carnada, celique, ó güeldo, a pesar de que pescar había sido precisamente el propósito de acudir a ese lugar, porque teníamos antojo de comer pescado fresco. ¿Cómo íbamos a atraparlos, entonces? A la mala, pues; si no, ¿para qué éramos cazadores? O séase, echando una o varias tronadas. Echar una tronada significaba arrojar al río un cartucho de dinamita para que explotara dentro del agua. De esta manera, de esta endemoniada, perversa, aborrecible, y ruin manera, asesinábamos a los pobres peces que, atarantados o muertos por la concusión de la explosión, flotaban a la superficie y nosotros, cómodamente, los recogíamos para echarlos a la sartén. Ah, y para eso sí íbamos bien surtidos. Entre todos teníamos suficientes explosivos, fulminantes, mechas, cápsulas, mixto, detonadores y espoletas, como para borrar al Estado de Guerrero del mapa y poner en fuga al profesor Lucio Cabañas y su pandilla de pseudo revolucionarios; aunque creo que por entonces Lucio andaba todavía en pañales.

  La mañana transcurrió jovial entre juegos, bromas, canciones y animación. Pronto llegó la hora de la comida, abundante como de costumbre, prolífica en moles, chicharrones, carnitas, barbacoa, y muchos fluidos helados para ahuyentar el calor. Claro que los chamacos, comidos o no, no nos cansábamos de retozar afuera y adentro del agua, pero por donde corría sobre las piedritas, porque el estanque era demasiado profundo para quienes no fueran nadadores expertos.

  Un buen rato después de haber comido los asistentes, se armaron los cartuchos de dinamita poniéndoles sus cápsulas, espoletas o fulminantes, para lanzarlos al lado profundo de la gran poza formada en aquel recodo del río, cuya ribera norte se alzaba en talud. Al lado contrario se extendía una playita arenosa muy falaz, porque a corta distancia de la orilla declinaba en un ángulo casi recto hasta una hondura de más de tres metros.

Raffaelo, el propietario de la zapatería Divicino, vestía un cómico atuendo más propio para el bwana de un safari africano, que para salir de día de campo dominguero: botas de agujetas atadas hasta las rodillas, pantalones de montar, camisola militar, corbata caqui y zarakoff de corcho. Por designación propia, debido a su extracción militar/policial, se declaró perito en el armado de bombas y se encargó de preparar los artefactos con que habría de asesinar a los pececitos. En cuanto los aparatos infernales estuvieron listos, y después de retirar a los bañistas –especialmente a los niños– hasta una distancia prudente, Divicino prendió la mecha a la primera bomba y dando un bombástico grito, con gran bombo, la bombeó al centro del estanque para bombardearlo. Como podía esperarse de su engreída disposición, aquella bomba estalló menos que la gritada en una jarana yucateca durante una vaquería. La segunda, para irritación de Divicino y gran hilaridad de sus Divicinitos, a quienes divertían grandemente los fracasos de su progenitor, tampoco explotó. La tercera, sin embargo, no sólo tronó como bombarda sino seguramente detonó las dos previas, porque la deflagración conjunta resultó sobrecogedora; o séase que nos sobrecogió desprevenidos y por poco nos elimina a todos. El estanque aumentó considerablemente su embalse al ser agrandado por un estampido que mató a cuanto pez encontró en 100 metros a la redonda.

Todos, sobre todo los chamacos, nos dedicamos a recoger peces muertos o atolondrados para echarlos en una gran tina donde se conservarían frescos durante un rato. Al lado contrario del talud, en la arena de la playita, se encontraba sentado Micheloangelo, hijo de Divicino de unos 6 años quien, tratando de alcanzar un pez que flotaba cerca de él, se arrastró corriente adentro hasta llegar al declive en el cual se hundió súbitamente. Yo lo vi. sumergirse pero, estando en la orilla contraria, de pronto no supe qué hacer. Apenas media hora antes había comido como huérfano de hospicio y, según mi mamá, estaba haciendo la digestión. Si me metía al agua, con seguridad me congestionaría y moriría de inmediato en medio de horribles dolores y paralizantes calambres. Divicino resolvió mi dilema de momento al arrojarse temerariamente al estanque, y digo temerariamente porque, ataviado como estaba, se hundió en el torrente más rápido que un plomo y sólo su zarakoff, por ser de corcho, quedó flotando en la superficie. Ver aquel desfiguro y decidirme, fue todo uno. Vistiendo sólo calzones de baño, simplemente me levanté del embalse donde estaba sentado y me tiré de cabeza al río. Esa fue una acción tonta pero afortunada, porque al echarme el clavado pasé rozando una roca incrustada en el fondo. Aunque no me estrellé de cabeza contra ella, sí me rozó todo el pecho y la panza. Al emerger a la superficie localicé a Micheloangelo y, al propio tiempo, pude ver cuando Divicino era rescatado de la corriente por otro de los cazadores. Nadé hacia el niño, que ya se hundía por la consabida tercera vez, y traté de sujetarlo como había visto hacerlo a los héroes de las películas: por atrás, ó séase colocándome a sus espaldas para meterle el brazo por debajo del cuello. En los primeros segundos todo marchó bien pero, al sentirme cerca, Micheloangelo buscó mi protección y se volteó para abrazarme con todas sus fuerzas. Así, me inmovilizó y ya no pude nadar, ni tratar de empujarlo hacia la orilla, ni nada. Le grité pidiéndole que me soltara, pero resultó peor porque mis gritos acentuaron su miedo y me sujetó más recio. Tratando de mantenerse a flote y sobresalir del agua, se apalancaba en mis hombros y me hundía.

    No es posible poner en palabras impresas el horror producido por la muerte cuando se aproxima rápida e inexorablemente. Me sumía en la turbia corriente con los ojos abiertos viendo cómo el resplandor del sol se escondía tras los árboles crecidos en la ribera. Al cubrir mi cara, el agua empañaba mis ojos haciendo de mi visión una imagen borrosa en la que destellaban brillos atenuados por la opacidad de la profundidad y, al hundirme más, penetraba la oscuridad de lo hondo... la negrura de la muerte. Largos segundos después comenzaba un esclarecimiento parcial a medida que mi cabeza salía de nuevo a flote; veía otra vez la claridad, el escurrimiento del agua entre las pestañas y, por fin, el cielo, las nubes aborregadas, las copas de los árboles, la cara empanicada del niño, su boca abierta en un grito persistente. Sentía sus extremidades convulsionarse golpeando mi cara, arañándome, apoyándose en mi cabeza para hacerme repetir la angustia de esa secuencia de muerte ineludible. En una de aquellas horrendas inmersiones, palpé bajo la planta de mis pies la firmeza de una roca, me finqué en ella e, impulsándome, salí disparado hacia arriba. Aquel desplazamiento providencial me liberó del abrazo que Micheloangelo me aplicaba y, de alguna manera, logré empujarlo hacia la orilla. Al sentir la arena firme se levantó y corrió al lugar dónde se encontraba su madre para abrazarla llorando. El resto de mi fuerza se agotó. Di tres pasos arrastrados sobre las rodillas y caí de bruces, resollando fuerte, jadeando, sofocándome, sintiendo que mi cerebro estallaba. Alguien me levantó y me llevó a la arena seca. El dolor me partía la cabeza en dos... no podía ver. Así duré un tiempo. Al volver en mí estaba al lado de mis padres. Él me refrescaba con un abanico de palma. Sonreí, y sonreí aún más cuando, quienes me rodeaban, comenzaron a aplaudirme. La señora Divicino me abrazó, y sentí en aquel contacto el miedo de la criatura recogido por la madre. ¿Divicino?... Sentado bajo un árbol, el pobre hombre se quitaba las botas mascullando maldiciones contra su pequeño hijo, a quien juraba que desollaría vivo en cuanto le pusiera la mano encima. Volteé hacia mi padre y observé su rostro. Además de orgullo había ternura en sus ojos, pero no temor. Por el contrario, descifré en ellos la seguridad de que nada grave habría de pasarme porque su cariño me protegía entonces, y me resguardaría siempre. Al crecer he tomado innumerables riesgos; sin embargo, nunca, ni en los momentos de mayor peligro, he sentido temor. Más bien he presagiado un manto protector tendido sobre todos los actos de mi vida...

¡Achis! Tal vez por eso es que presiento que viviré hasta cumplir 114 años...

El almuerzo de mi 'apá

Hace ya sesenta años
que dejé de verte...
Ya me alcanzó la vejez
y sin embargo ya ves,
todavía te añoro.

Vida errante, cual la del gitano trashumante, esa era la nuestra. Unos meses aquí, otros allá, una casa agradable acá, una tienda de campaña más allá... Junta tus bártulos y échalos al camión. Deja las chinches atrás... Esa era la vida del caminero... Múdate de ciudad en ciudad conforme avanza la construcción de la nueva carretera. O de ciudad en pueblo, o de pueblo en ranchería, o de ranchería en campamento, y claro, quien sufría las consecuencias era mi educación básica, pues cambiaba de escuelas tanto como de calcetines, cuando los usaba. Pero a mi padre tal omisión no le importaba, interesándole sólo que aprendiera inglés, para lo cual en cada población me procuraba un profesor.

El no llevar una educación primaria habitual, reglamentada, y tradicional, tenía para mí enormes ventajas. La preeminente: que asistía a la escuela cuando se podía, y cuando no... ¡pos no! Sin embargo, no se abusaba de tal franquicia. Faltaba a clases únicamente al existir un fundamento juicioso. Por ejemplo, que el día amaneciera excepcionalmente bello, lo cual era frecuente en aquel paraíso subtropical llamado Iguala, donde vivíamos entonces. Tampoco acudía cuando el calor agobiaba y corría el peligro de deshidratarme. Pero mi mayor gozo era no asistir cuando papá olvidaba –pobrecito, era tan desmemoriado– su almuerzo en casa (pretexto), y yo tenía que llevárselo (razón del pretexto).

Esto sucedía al trabajar con sus camiones de volquete en el tramo de carretera aledaño a Iguala, rumbo a Acapulco; ó séase que la distancia de casa a donde él se hallaba no pasaba de 15 kilómetros. Desde luego, la entrega del itacate mañanero la hacía con mi multifacética bicicleta Phillips, llevando una canasta en el portaequipajes. El condumio, consistente en huevos revueltos con algún complemento, frijoles refritos, un buen reatazo de tortillas, pan dulce y un botellón galonero de café aderezado con leche y azúcar, era suficiente para satisfacer el hambre de tres tragaldabas: papá, mi medio hermano y, claro, yo. Mi velocidad promedio en la bicicleta era de 15 kilómetros por hora y, siendo esa la distancia por recorrer, el viaje me llevaba una hora de enérgico pedaleo. La ida era un tanto aburrida pues circulaba por la carretera que –sin pavimento, aunque ya de terracería planchada– me exponía menos a regar por el monte el sagrado rancho, que constituía mi esencial responsabilidad. Salía de Iguala con la fresca de las diez, alcanzando el sitio donde papá se encontraba alrededor de las de las matinales once. El regreso, en cambio, podía llevarme hasta toda la tarde...

Llegando al lugar llamado "banco", donde los camiones eran cargados con material de revestimiento, papá suspendía las labores para que tanto los peones como nosotros almorzáramos. Habitualmente lo hacíamos a la sombra de un árbol, de un talud, o de un camión, cuando no había más. El trabajo de construir carreteras luce romántico apreciado de lejos pero, viéndolo de cerca, no resulta tan agradable levantarse mucho antes de romper el alba para trabajar mientras el ambiente se mantiene relativamente fresco; luego, se traga polvo todo el día. Polvo alzado por los peones al cargar el camión, polvo que levantan los camiones rodando sobre tierra suelta, polvo que despiden las máquinas horadando, excavando, rasguñando, rastreando y conformando el terreno, y polvo que arranca el viento del suelo cuando le da por soplar. Polvo mismo que se convierte en lodo, cuando al cielo le da por llover para que los camiones se atasquen, resbalen, y salgan de la carretera, continuando el pobre caminero cubierto de polvo, o de lodo, hasta las orejas.

¿Comida? ¿Pos cuál? Excepto cuando se puede ir a un pueblo, o cuando se tiene una cocinera dispuesta a vivir en un campamento hasta donde debe acarrear los alimentos que preparará diariamente. ¿Distracciones? Ninguna, como no fuera la de papá de meterse al monte a cazar conejos, palomas

Ala Blanca, o un venado. ¿Techo para dormir? Estira una lona bajo las estrellas. ¿Tilma para cobijarse? El aire, de por si caliente. ¿Aseo? Sólo si por ahí cerca se tenía un río, una laguna, o por lo menos un jagüey para almacenar el agua.

Ahora comprendo por qué papá codiciaba mi presencia a su lado. Yo era lo bastante pequeño –ó lo justamente cándido– para cantarle canciones de Cri Crí cuando me lo pedía. Su favorita era "Los Tres Cochinitos" Y hoy, tantas décadas después, recuerdo cómo iba hincado a su lado, en el asiento del camión, cantando a viva voz aquello de "Los cochinitos ya están en la cama..." mientras le pellizcaba la verruga que lucía en la sien derecha...

Cerrando los párpados visualizo su mano firme asida al volante. Maciza, nervuda, vigorosa, controlando el rumbo del pesado camión como si fuera un juguete, y evoco su mirada plácida e imperturbable viendo al frente, fija en el futuro, preguntándose quizá qué iría a ser de aquel chiquillo que cantaba a su lado cuando él faltara, porque sabía que –a despecho de su apariencia robusta– por dentro la diabetes mermaba su existencia...

Luego de tomar una corta siesta bajo la fronda de alguna jacaranda, usando como mi padre un brazo por almohada, emprendía el regreso a Iguala asintiendo con grandes cabezadas a sus recomendaciones de irme por la carretera y directo al pueblo. Desde luego, nunca le hice caso. En cuanto me alejaba de su vista cortaba camino por el monte que, sin bosque ni matojos, en esa región se cubre de un pasto suave y corto que le imparte el talante de una pradera irlandesa. Tramontar aquellas lomas en mi bicicleta me prodigaba un placer entrañable. Menguada la fiereza de su brillo, el sol esplendía el paisaje y, al detenerme para cortar capulines, ciruelas o nances, una brisa gentil acariciaba mi rostro.

Todo era un ensueño, perspectivas de un niño solitario que gustaba de hablar consigo mismo, o tal vez con la superconsciencia, en que retenía la presencia Divina: eslabón de engarce con el poder creador que se revelaba en mi complacencia por las cosas más elementales. A lo largo de la carretera iban quedando fragmentos de máquinas inservibles que se cubrían de hierba, de pasto y aun de flores. Dejando a un lado la bicicleta me acercaba a la cuchara torcida de un trascabo, por ejemplo. Buscaba en todos los rincones formados por los ángulos de su diseño y en alguno de seguro hallaba: "¡el sobaco peludo!" Provisto ya de varias piedrecillas, las arrojaba contra aquella mata de vello negro, largo y lacio, y el efecto era instantáneo: decenas, qué digo decenas, cientos de arañas patonas despertadas bruscamente de su apacible hibernación, corrían alocadas por todas partes buscando refugio y protección sin saber de qué. Aquella bobería me divertía enormemente. ¿Qué tan simple puede ser la inocencia?... Había también matitas con hojas opuestas que, al tocarlas, se cerraban. Largos minutos observaba y repetía aquel juego vegetal que consideraba extraordinario. Subía colinas, bajaba montículos, cruzaba arroyos... Me quitaba los zapatos para chapalear en el agua. Buscaba ajolotes en las charcas, los pescaba para contemplarlos, y los dejaba continuar su ciclo de vida. Me tiraba sobre el pasto para buscarle forma a las nubes, imaginando volar entre ellas... o simplemente disfrutaba aquella tranquilidad respirando el aroma verde del pasto tierno... y hablaba, conversaba de todo aquello con Dios, tal vez, ya que por ahí sólo estábamos Él y yo...

Aquel había sido un día fecundo e instructivo. Me había encargado de que papá y mi hermano almorzaran bien, quedando su apetito refrenado hasta la hora de merendar... y yo, yo había aprendido mucho... Más que en la escuela primaria... Había discernido que el hombre, con toda su sabiduría, aún no era capaz de producir una hoja vegetal que se cerrase al tocarla y, sobre todo, había estado con mi padre...

Un piquete de alacrán

Ah que cola tan fregona
crécele a este animalito,
pues con sólo un piquetito
raudo te manda a la lona.

    Vivir en el trópico es anhelo de mucha gente deseosa de disfrutar los portentos ofrecidos por la feracidad y exuberancia de su naturaleza, sobre todo cuando se ha llegado a la edad del retiro y se cuenta con los medios para vivir con todas las comodidades y lujos aspirables. Ahora que, cuando se vive en el trópico por necesidad –como dice mi compadre Menecio– la cosa cambea, varea, y se diferencea.
    Durante mi niñez vivimos unos cinco años en Iguala y un año más en Acapulco, ambas poblaciones localizadas, como es sabido, en el Estado de Guerrero. Nuestra estancia en dichas poblaciones fue obligada por el trabajo de papá, que laboraba en la construcción de carreteras, y se movilizaba a lo largo de ellas conforme avanzaban. Entonces, siendo la permanencia ahí obligatoria, las molestias de vivir en el trópico se hacían evidentes, patentes, palmarias, tangibles y manifiestas: el calor y la humedad, los mosquitos y el calor, el calor y la saturación atmosférica, las moscas y el calor, el calor y los bichos de toda clase, y los alacranes y el calor. ¡Ah, y además, el calor!
    Una de las razones por las que en Iguala había tantos alacranes, era porque los techos de las casas resultaban magníficos lares para la crianza y reproducción de dichos bichos porque sobre las vigas, sostén de la estructura del techado, se tendía una base de otates, una especie de bambúes sólidos, para soportar las tejas; y era entre los otates y la paja que los arácnidos proliferaban. Los que ahí se criaban eran de tamaño normal, pero una vez –regresando de tirarle a las güilotas– vimos cruzando el camino un escorpión de unos 60 ó 70 centímetros de largo. Era tan grande que papá no resistió el impulso de parar el carro para matarlo porque podía inmolar

una res con una sola lanceada. Una vez en el suelo, mi padre pensó machacarlo con una piedra; sin embargo, el arácnido era de tales proporciones que prefirió tomar su escopeta y dispararle con posta gruesa. Excuso decir que del escorpión sólo quedó una gran mancha en la tierra. Seguramente salvamos a varias vacas de sufrir una horrenda muerte intoxicadas por el veneno de aquella alimaña.

Pero, a pesar de la abundancia de tales artrópodos, durante los cinco años que viví en Iguala nunca me picó uno hasta una noche, precisamente la última por pasar ahí, en que me alcanzó el aguijón de uno. Regresaba del cine y contento, me imagino, porque venía rozando las paredes de las casas con los dedos de mi mano derecha. Estaba a punto de bajarme de la banqueta para cruzar la calle y llegar a mi casa, cuando sentí el aguijonazo en la punta del dedo medio. Volteé hacia la pared y lo vi. escondiéndose en una ranura. ¡Hijo 'e su madre! ¡Era güero y chiquito! De los más malos. Recogí una piedra del suelo y enojado lo apachurré de un golpe; luego eché a correr hasta llegar a mi casa, donde mamá me aplicó todos los remedios caseros habidos y por haber: dientes de ajo rebanados sobre el piquete, miel de abeja para curarme del susto, aspirina para bajarme la fiebre; pero con todo y eso la sensación de adormecimiento de las manos y los pies, la impresión de que mi lengua se hinchaba y no me cabía en la boca, el dolor de todo el brazo, la sed abrasadora, etc., etc., me apabullaban. Pasé una noche de perros y gatos trenzados en fenomenal pelea y, al día siguiente, desde la cabina del camión de papá cargado con nuestros triques, vi desfilar ante mis ojos afiebrados las últimas casas de Iguala, la Quinta Eduwiges, la gasolinera de la diagonal, el campo aéreo, y mis ojos se llenaron de lágrimas. Iba quedando ahí todo lo que representaba mi niñez: adiós mis amigos Raúl y su hermana Cata, Herlindo y sus hermanos, Vicente y Moisés, Clarabella y Ricardín, adiós Rosita Román, la Plaza de los 100 tamarindos, mis cuates los panaderos, Rupertita linda y sus mamones, Consuelito y los licuados, Herme con sus revistas de "monitos", Doña Estéfana la pozolera desnarigada, las escuelas, Ramirita cantando descalza hasta la cabeza, mis murciélagos consentidos, el cine y su taquillera gordita...

Adiós, Iguala, hasta no verte otra vez. Y la he visto tres o cuatro veces en más de cincuenta años. Un día de estos voy a ir por allá nada más para ver qué encuentro de lo que dejé. Tal vez nada... sólo las añoranzas de mi niñez, lo más probable...
Sonidos de disparos lejanos...
Tonadas perdiéndose en lontananza...

"Amor perdido, si como dices
es cierto que vives dichosa sin mi,
vive dichosa, quizá otros brazos
te den la ternura que yo no te di..."

Conclusión

Y todo termina al fin y al cabo.
Tosudez única la del alma
que, tomando las cosas con mucha calma,
la vida transita otra vez de trompa a rabo.

Mi hija menor regresó ha poco de Acapulco, donde pasó una corta vacación.

Le pedí que visitara la joyería propiedad de mi amigo Raúl, para preguntar cómo está él. La orfebrería El Rubí en el número 5 de la calle La Quebrada ya no existe, pero en cambio en el centro comercial Flamboyán, de la Ave. Costera frente al Hotel Acapulco Plaza, abre su puerta el elegante local de la joyería y orfebrería CASTRO'S, propiedad de Raúl Castro Jr., quien le informó a mi hija que mi amigo Raúl falleció hace ya varios años.

¡Descanse en paz!
¡Descansen en paz mis recuerdos!

CPSIA information can be obtained
at www.ICGtesting.com
Printed in the USA
BVHW042057080620
581119BV00013B/195